KB192963

**업무의 90%는
준비에서 결정된다**

업무의 90%는
준비에서 결정된다

여유 있게 일하는 사람은
준비에 시간을 투자한다

이바 마사야스 지음
김정환 옮김

센시오

일을 잘한다는 건 준비를 잘하는 것이다

"앞으로는 좀 더 일찍 퇴근하도록!"

"너무 잦은 야근은 지양해주세요."

혹시 직장에서 상사에게 이런 말을 듣는 일이 늘고 있지 않은가? 그 말이 진심일지 아닐지 헷갈리지만 최근 많은 회사에서 빠른 퇴근을 독려하고 있다. 그런데 직원 입장에서는 이 말을 곧이곧대로 들을 수도 없다. 처리해야 할 업무가 남아 있는데 나 몰라라 하고 일찍 퇴근할 수는 없지 않은가?

"말하기는 참 쉽지. 그렇게 일찍 퇴근하기를 바란다면 인원을 더 늘려 달라고!"라고 외치고 싶은 충동도 느껴질 것이다. 다만 회사로서도 인원을 늘리는 것은 현실적으로 쉬운 일이 아니다. 그렇다면 대체 어떻게 해야 야근 없이 모든 일을 할 수 있을까?

준비만 잘해도 어려움의 90%는 해결된다

사실 한 가지 해결책이 존재한다. 일의 진행과 완성도를 위해 미리 준비를 잘해놓는 것이다. 현재 나는 '단시간에 성과를 내는 영업 수법, 팀 만들기' 등을 주제로 다양한 기업에서 연수를 진행하고 있는데, '준비를 잘한다=일 처리 속도를 높인다.'라고 생각하는 사람이 많다는 사실을 깨닫게 되었다. 그러나 준비를 잘한다는 것은 이메일을 빠르게 작성한다거나 문자를 빠르게 입력하는 것이 아니다. 동작을 빠르게 하는 층위의 문제가 아니라는 말이다.

그렇다면 준비 능력이란 무엇일까? 어떤 업무에 본격적으로 돌입하기 전에 한 번이라도 업무의 진행에 대해 생각해 보는 것이다. 너무 복잡하게 생각할 필요는 없다. 이 책에서 제안하는 몇 가지 항목들만 챙기면 된다.

그러나 어떤 사람은 높은 자리에 올라갔음에도 이런 능력을 갖추지 못한 경우도 있다. 그때는 이미 늦었다. 모든 습관들이 고착화되었기 때문이다. 그래서 무엇보다 신입, 저연차 시절부터 이런 준비 능력을 의식적으로 키우는 것이 무엇보다 중요하다.

이 책에서는 준비를 잘하는 사람, 또는 준비 능력이 뛰어난 사람이 무엇인지 철저히 분석하고 이에 도달하기 위한 가장 실천적인 방법들을 제시한다. 평범한 사람들도 조금만 신경 쓰면 자신의 업무 능력을 한 차원 더 향상시킬 수 있다.

나는 책을 쓰면서 모호한 표현을 최대한 배제하려고 노력했으며, 학술적인 이론에 대한 해설은 가급적 생략했다. 이 책의 목적을 실천 노하우를 제공하는 것으로 정했기 때문이다.

그 대신 이보다 구체적일 수는 없다고 자부할 만큼 철저히 해설했다. 그러니 독자 여러분 외에도 일의 프로세스 설정 및 진행, 데드라인 엄수, 업무 퀄리티 향상 등에 관한 문제로 고민하고 있는 부하 사원이나 후배 사원이 있다면 부디 이 책을 권해 주길 바란다. 직접 말로 전달하는 것보다 이 책 한 권이 더 큰 도움이 될 수 있다. 그 사람을 위해 조언을 해도 듣는 사람은 그저 잔소리로 느낄 수 있기 때문이다.

　이 책은 다양한 일러스트와 예시들을 통해 아주 간결하고 알기 쉽게 되어 있다. 많은 내용을 다루고 있지만 수록된 내용을 전부 실천하려고 애쓸 필요는 없다. 한두 가지만 실천해 봐도 된다. 그것만으로도 큰 변화가 찾아오리라고 자신한다. 그러면 지금부터 나와 함께 업무에 필수적인 '준비력'을 향상시키기 위한 여행을 떠나 보자.

CONTENTS

제2장 언제나 여유 있게 일하는 사람이 반드시 체크하는 것

제3장 여유가 넘치는 사람의 비결 1
'일정 짜기'

제4장 여유 있게 일하는 사람의 비결 2 '1분 습관'

제5장 여유 있게 일하는 사람이 일상도 여유롭다

제1장

업무의 90%는
준비에서 결정된다
이것은 불변의 진리!

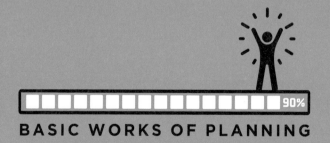

90%

BASIC WORKS OF PLANNING

1

야근 없이도 결과를 내는
사람은 이것이 다르다

정말로 해야 할 일에만 집중하기에
시간과 노력을 낭비하지 않는다

작업 속도,
도구의 문제가 아니다

여러분의 직장에도 슈퍼맨 같은 사람이 한두 명쯤 있지 않은가? 늘 엄청난 양의 업무를 맡아서 진행할 뿐만 아니라 추가로 업무가 들어와도 눈썹 하나 까딱하지 않고, 그것도 모자라 다른 업무까지 직접 만들어서 하는 그런 사람 말이다. 그런 사람을 보고 있으면 마술이라도 부리는 것이 아닐까 생각되곤 한다.

그러나 그들을 유심히 관찰해 보면 어떤 사실을 금방 깨닫게 된다. 아무리 바빠도 여유를 잃지 않는 그런 사람들에게는 한 가지 공통점이 있다.

일의 사전 '준비 능력'이 뛰어나다는 것이다. 그렇다면 애초에 업무에 있어서 준비 능력이란 무엇일까? 준비와 그에 따른 진행 능력이 뛰어나다는 것은 결코 수첩에 포스트잇을 빼곡하게 붙여놓는다든가 편리한 애플리케이션을 남들보다 잘 찾아낸다는 의미가 아니다. 하물며 무작정 빠르게 업무를 처리한다는 의미도 아니다.

일의 준비를 잘한다는 것의 진짜 의미는 '미래를 내다본 행동을 할 수 있다.'는 뜻이다.

철저한 준비를 하는 사람 vs. 충동적으로 일에 뛰어드는 사람

그러면 준비를 잘하는 사람과 그렇지 않은 사람을 비교해 보도록 하겠다.

상사에게서 회사 송년회를 기획하라는 지시를 받았다고 하자. 이때 이렇다 한 준비 없이 일에 뛰어드는 사람들은 모든 일이든 임의로 해석하는 방식으로 일을 진행한다. 행동 자체는 즉시 하므로 일이 빠르다면 빠르지만, 결과는 그리 신통치 않다. 같은 일을 두 번 하는 경우도 많다.

한편 준비를 철저히 하고 그에 맞춰 진행을 잘하는 사람은 어떨까? 오른쪽 그림에서 일을 진행하는 순서의 차이에 주목하길 바란다. 첫걸음부터 다름을 알 수 있을 것이다. 어떤 상황에서든 그들은 '무엇이 목적인가?'를 제일 먼저 생각한다.

- 이 송년회는 목표 달성을 치하하기 위한 자리인가.
- 모두가 모여서 시끌벅적하게 놀기 위한 자리인가.
- 아니면 사원들이 서로 대화할 기회를 마련하기 위한 자리인가.

여러 가지 경우의 수를 파악하고 그에 대한 예상 답변을 마

┃ 준비를 잘하는 사람과 부족한 사람의 차이는…

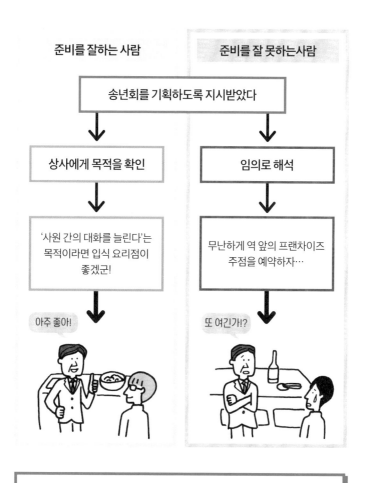

첫걸음이 결과를 크게 바꾼다!

런한다. 자칫 목적을 잘못 파악한 채로 일을 진행했다가는 '도로 아미타불'이 되어 버린다는 사실을 잘 알고 있기에 그들은 먼저 상사에게 추가 질문을 통해 목적을 확인한다.

만약 '많은 사람과 이야기를 나눌 기회를 마련하는' 것이 상사의 목적이라면 입식(立式) 요리점이 더 좋을지도 모르며, 원탁에 둘러앉아서 식사하는 중화 요리점도 괜찮을지 모른다. 적어도 자리가 고정되는 코스 요리점은 적합하지 않음을 알 수 있다.

미래를 내다본 행동을 하라

이제 다음 단계를 살펴보자. 준비를 잘하는 사람들은 언제나 복수의 선택지를 생각한 다음 그중에서 최적의 방안을 선택한다.

- 다른 곳은 없었나?
- 정말 여기가 최선이었나?
- 왜 이런 선택을 하게 되었나?

일 잘하는 사람들이 위와 같은 상사의 돌발 질문에 대처할 수 있는 이유는 다양한 변수를 미리 생각했기 때문이다. 오히려 그들은 상사에게 이런 식으로 제안한다.

"사원 간의 교류를 촉진한다는 목적을 우선해 입식 요리점이 어떨까 생각해봤습니다. 사실 처음에 고려했던 후보는 세 곳입니다. 첫째는 원탁에 둘러앉아서 식사를 할 수 있는 중화 요리점, 둘째는 평범한 주점, 그리고 셋째가 이 입식 요리점입니다. 이 가운데, 평소에 교류가 없었던 사람과 우연히 만나는 상황을 유도하기 쉬운 입식 요리점이 가장 적합하다고 판단했습니다. 어떻게 생각하십니까?"

이런 식으로 제안하면 상사도 수긍할 수밖에 없다.

이제 깨달았을 것이다. 사전 준비를 잘하는 사람이란 빠른 속도로 능숙하게 작업을 처리하는 사람이 아니다. 목적이 무엇인지 생각하고 그 목적을 확실히 달성할 수 있도록 '미래를 내다보면서' 절차를 진행하는 사람이 준비 능력이 뛰어난 사람인 것이다.

2

일정을 채워넣을수록
오히려 여유가 생긴다

정신없이 바쁜 사람일수록
다이어리가 텅 비어 있는 경우가 많다

'이때가 비어 있다.'는 것을 알면 편해진다

혹시 요즘 이런 상황에 빠져 있지 않은가? 그동안 굳이 일정을 짜지 않고도 큰 문제없이 일해 왔는데, 최근 들어 야근이 늘어났고 그럼에도 일을 제때 끝내지 못한 적도 많아진 것이다.

이는 많은 경우 후반부 일정까지 꼼꼼히 살피지 않았기 때문에 발생한다. 바쁜 일상 속에서도 시간에 휘둘리지 않는 사람이 되기 위해서는 한참 뒤의 일정을 미리 정해놓는 것이 중요하다.

일을 하다 보면 '계획을 세우는 건 귀찮아. 지금까지도 충분히 잘해왔으니 어떻게든 되겠지.'라고 생각되는 순간이 많다.

그 심리는 충분히 이해한다. 솔직히 말하면 나도 신입 사원 시절에는 미래의 일정을 전혀 정해놓지 않았다. 나 자신을 바쁘게 만들기가 싫었기 때문이다.

그러나 어느 날 문득 깨달았다. 한참 뒤의 일정까지 확실히 정해놓지 않은 탓에 시간에 쫓기게 되고, 그 결과 유급 휴가도 제대로 쓰지 못한 채 바쁘게 일하게 된다. 그럼에도 어디 불평할 곳도 없다. 내가 초래한 결과이기 때문이다.

내 일상의 자유를 확보하고 싶다면 반드시 한참 뒤의 일정까지 정해놓아야 한다. 가령 '이때 유급 휴가를 써서 여행을 가자.', '이날은 콘서트를 보러 가자.' 등 수개월 뒤까지 일정을 정해놓으면 그것이 결국 자유를 확보하는 결과로 이어지며, 시간에 쫓기지 않게 된다.

이처럼 준비를 잘하는 사람은 해야 할 일이 많기에 더더욱 한참 뒤의 일정을 미리 정해놓음으로써 자신의 시간을 확보한다.

▌여유 있는 사람이 일을 잘한다

일정을 일찌감치 정해놓고 그 일정을 주위 사람들에게 미리 알리면 시간을 운용하기가 조금 더 수월해진다. 잘하면 쉬는 시간을 더 오래 가질 수 있다.

반면에 '지금은 바쁘니까 좀 여유로워지면 그때 생각하자.' 라고 뒤로 넘기면 결국 아무리 시간이 지나도 긴 여행 한 번 갈 수 없는 상황에 빠진다. 한 번 미루면 끝도 없이 미루게 되는 것이다. 그렇게 되면 피해를 입는 건 결국 주위 사람이며 내 평판도 안 좋아진다.

또한 오른쪽 그림의 이메일과 같은 '커뮤니케이션을 잘한

▌ 향후의 일정을 모르면 상대는 불안해진다

☑ 준비를 잘 못하는 사람의 이메일

> 요전에 취재에 협력해 주셔서 감사합니다.
> 기사가 완성되면
> 메일을 보내드리겠습니다.
>
> 궁금한 점이나 바라는 점이 있다면
> 연락 부탁드립니다.

기사가 완성되기까지의
흐름을 알 수가 없잖아…

☑ 준비를 잘하는 사람의 이메일

2월 3일: 초교 완성
  ※ 교정쇄를 한 번 살펴봐 주셨으면 합니다(4페이지)
  ※ 수정할 부분이 있다면 곧바로 말씀해 주십시오.
2월 10일: 교정 완료
2월 25일: 잡지사에 전달

궁금한 점이나 바라는 점이 있다면
연락 부탁드립니다.

2월 3일에는
일정을 비워 놓아야겠군.

**향후의 일정을 명확히 하면 자신뿐만 아니라
상대도 어떻게 준비해야 할지 생각할 수 있다**

다.'는 것도 준비 능력이 뛰어난 사람들의 특징이다. 이것은 실제로 어떤 실무자가 잡지 기사와 관련해서 보낸 이메일인데, 이처럼 향후의 일정을 명확히 하면 자신뿐만 아니라 상대방도 업무를 진행하기가 쉬워진다. 일은 대체로 연속적이어서 상대방이 내가 일을 마무리하기를 기다리는 경우도 많기 때문이다.

만약 이후의 일정을 분명하게 정하지 않고 있다면 상대가 스트레스를 느끼고 있을지도 모르니 즉시 개선할 것을 권한다.

3

무작정 눈앞의 업무에
달려들지 않는다

착수하기 전에 일단 심호흡!
5시간 후의 자신을 상상한다

'업무가 들어온 순서'와
우선순위는 일치하지 않는다

혹시 마감 기한에 쪼들려서 일을 대충 마무리하거나, 마감 기한을 지키기 못해 상사에게 호되게 질책을 당한 적이 있는가? 언제나 마감 기한이 코앞으로 다가와서야 허둥지둥 일하고 있다면 그 원인은 '무작정 눈앞의 업무에 달려들기 때문'일지도 모른다.

준비 능력이 뛰어난 사람은 눈앞의 업무에 곧바로 달려들지 않는다. 의식적으로 한 번 심호흡을 하고, 생각을 한 뒤 업무에 착수한다.

그 이유는 무엇일까? '업무가 넘쳐흐르는' 사태를 우려하기 때문이다. 앞뒤 생각하지 않고 무작정 달려들면 반드시 업무가 넘쳐흐르게 된다.

일을 잘하는 사람들은 일이 진행되면서 발생할 수 있는 문제 상황들을 사전에 미리 철저히 머릿속에 그린다. 그리고는 일에 앞서 준비해야 할 것들을 생각한다. 무엇을 먼저하고, 나중에 할지를 계획해 보는 것이다. 그렇게 하면 상당히 많은 문제들을 예방할 수 있다.

만약 눈앞의 업무에 곧바로 달려들 것 같으면 일단 심호흡을 해 보길 바란다. 그리고 착수하기에 앞서 그 업무 때문에 다른 업무를 못하게 되지는 않을지 곰곰이 생각해 보길 바란다. 만약 그럴 것 같다면 깔끔하게 그 일을 뒤로 미룬다.

절대 무작정 서류를 작성하지 마라

그리고 또 한 가지, 하루의 일정을 정하지 않고 무작정 컴퓨터를 켜서 서류를 작성하는 것도 피해야 한다. 이것도 업무가 넘쳐흐르게 만드는 원인이기 때문이다.

먼저 오늘은 어떤 업무를 처리하는 날인지, 그 업무에 몇 시간이 걸릴지 확인하고 순서를 정한 다음 작업에 들어가자.

계획 없이 서류를 작성하게 되면 시작조차 하지 못하고 서너 시간을 서류만 작성하는 일로 날려버릴 수도 있다. '쓰다 보면 생각나겠지.'라고 호기롭게 시작해도 머릿속이 백지장처럼 하얘져서 아무 생각도 나지 않는 경우가 많다.

또한 자신에게 이렇게 말해 보는 것도 좋다.

"지금의 나는 이렇게 해도 상관이 없겠지만, 그 결과 5시간 후의 내가 곤란해질지도 몰라.", "시간이 지나면 더 큰 문제가

029

발생하니 처음부터 신중하게 잘하자."

　이렇게 업무를 제대로 수행하지 못해 허둥지둥할 미래의 자신을 떠올리면 업무를 시작할 때 좀 더 신중해질 것이다.

무작위로 들어온 업무에 무작정 손을 대면…

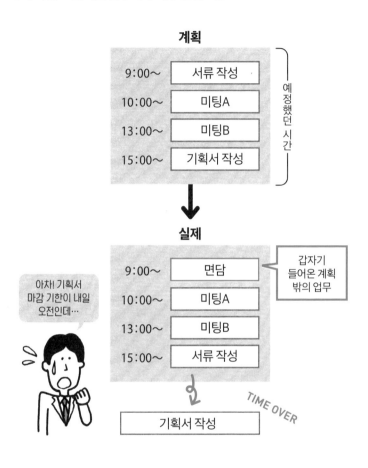

**그 업무에 착수한 탓에
마감 기한을 지키지 못하게 될 업무가 없는지 생각한다**

4

사전 준비가 90퍼센트는
진리다

시간은 유한하다!
퍼즐을 맞추듯이 일정을 짜라

시작하기 전,
먼저 전체를 그려라

일단 작업을 시작하면 눈앞의 일에 몰두하기 마련이다. 그런데 혹시 최근 들어서 이런 일이 있지는 않았는가? 기획서나 서류를 작성하는데, 작업에 몰두하다 문득 시계를 보니 벌써 퇴근 시간이 되어 있었다. 그 결과, 일정을 내일로 미루거나 때로는 야근해서 겨우 일을 마친다.

만약 이런 일을 겪고 있다면 생각하는 순서를 다음과 같이 바꿔 보길 바란다.

STEP 1 먼저 전체를 바라본다.

STEP 2 작업을 나눈다.

STEP 3 작업별로 얼마나 시간을 들일지 결정한다.

이렇게만 말하면 이해가 잘 안 될 터이니 설명을 조금 덧붙이겠다. 무엇인가를 보고해야 하는 상황을 생각해 보자. 여기에서는 상사가 여러분에게 "다음 주 회의 시간까지 작업 시간 단축을 위한 대책을 가져오게."라는 지시를 했다고 가정하겠다.

지금까지 여러분은 이런 업무를 받았을 때 무엇부터 했는가? 혹시라도 다짜고짜 인터넷 검색부터 해본 적이 있지 않은가? 바로 이것이 예상보다 더 시간이 소요되는 원인이다.

'작업 시간 단축'이라는 검색어로 검색해도 원하는 정보는 좀처럼 나오지 않는다. 검색어를 조금씩 바꿔 봐도 상황은 달라지지 않는다. 또한 회사는 각기 상황이 다르기 때문에 검색으로 해결되지 않는 경우가 부지기수이다.

더 큰 문제는 그것을 본 상사가 "이것만으로는 부족한데…." 라고 말하는 것이다. 그렇게 되면 또다시 검색하느라 다음날의 일정도 크게 어그러지고, 어떠한 결실 없이 결국 야근의 악순환에 빠지고 만다.

그렇다면 준비를 잘하는 사람들은 어떻게 할까? 그들은 먼저 '보고서에는 어떤 내용이 필요한가.'를 생각한다.

예를 들면, 작업 시간 단축을 위한 보고서에는 세 가지의 요소들이 필요할 것이다. '작업 시간 단축의 성공 사례 세 가지', '작업 시간 단축을 위한 과제', '도입할 때의 구체적인 방책' 등이 될 수 있다.

이 항목들을 문서에 나열한 뒤, 해야 할 작업을 종이에 적는다. 그리고 그 작업에 할당해야 하는 적정 소요 시간을 결정해야 할 것이다.

이렇게 단계적으로 접근해야지 무작정 인터넷을 검색하면 어떤 문제도 해결하지 못한다.

마감에 맞춰 높은 퀄리티로 제출하는 기술

이제 질문이다.

왜 소요 시간을 결정해야 하는 것일까?

그 이유는 단순하다. '마감 기한에 맞추기 위해서'다.

마감 기한은 애초에 당연히 지켜야 하는 것으로, 결과물의 품질보다도 중요한 전제 조건이다. 아무리 좋은 결과물을 만들어냈다 한들 마감 기한을 넘겨 버리면 평가가 반감된다. 아니, 절반 이하로 하락할 수도 있다.

작업 관리의 본질은 소요 시간을 조절하는 것이다. 조금 덜 완벽해도 소요 시간 안에 양질의 과제를 마치는 게 중요하다. 지금 맡고 있는 작업에는 몇 시간이 필요한가? 여유 있게 마감 기한을 맞출 수 있도록 설정했는가? 마감 기한을 맞추기가 어려울 것 같다면 어떤 작업의 소요 시간을 단축할 수는 없는가?

이와 같은 검증이 필요하다.

무슨 일이든 소요 시간을 정한 다음에 시작한다

☑ 이번 주의 업무를 원활히 진행하려면…

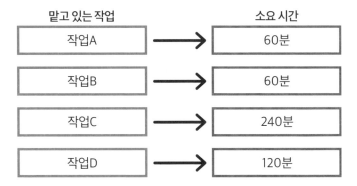

맡고 있는 작업	소요 시간
작업A	60분
작업B	60분
작업C	240분
작업D	120분

☑ 작업A를 60분 안에 끝마치기 위해서는…

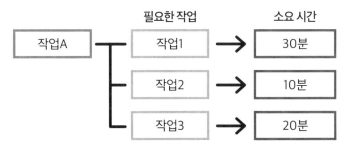

작업A	필요한 작업	소요 시간
	작업1	30분
	작업2	10분
	작업3	20분

**업무를 나누고 또 나눈다.
그리고 소요 시간도 반드시 결정한다**

시간은 무한하지 않다. 특히 회사에서는 시간이 금이다. 그 때문에라도 해야 할 작업을 종이에 적는 데 그치지 않고 소요 시간까지 설정해야 한다. 눈에 보이는 형태로 시간을 의식하면 마감 기한을 못 지키는 실수를 줄일 수 있다.

처음에는 생각처럼 되지 않을지도 모르지만, 걱정할 필요는 없다. 예정했던 시간 안에 끝낼 것을 의식하는 것만으로도 충분하다. 반복적으로 하다 보면 시간을 어떻게 설정해야 할지 감이 잡힐 것이다.

5

자신의 시간당 비용을
생각해 본 적이 있는가

비용 대비 효과가 낮은 일은 하지 않는다

그 업무의 보상을
명확히 설명할 수 있는가

현재 생산성 향상이 많은 기업의 중요한 과제가 되었다. 아마 여러분의 회사도 "생산성을 높입시다."라고 외치고 있을 것이다.

그런데 여러분은 '생산성'이 무엇인지 설명할 수 있는가? 물론 어렴풋이 짐작은 하겠지만, 정확히 이해하고 있는 사람은 의외로 많지 않다.

단언컨대, 아래 질문에 대답할 수 있으면 생산성이 무엇인지 제대로 알고 있는 것이다.

- 여러분이 그 작업을 하는 데 '어느 정도의 비용이 들어가고 있는가.'를 머릿속에 떠올릴 수 있다.
- 그 비용을 들여서 얻을 수 있는 보상을 명확히 설명할 수 있다.

이제부터 반면교사로서 나의 실패 사례를 소개하겠다. 지금도 이따금 떠오르는 쓰라린 경험이다. 당시 영업직에 종사하고 있던 나는 상사의 이 질문에 아무런 대답도 하지 못했다.

"자네가 신규 고객을 개척할 때, 한 건당 상담(商談) 단가는 얼마인가? 그리고 자네는 신규 고객을 한 건 획득하기 위해 얼마까지 들여도 된다고 판단하고 있나?"

이 질문을 받는 순간 말문이 막혔다. 한 번도 생각하지 못했던 질문이었다. 나의 머릿속은 목표를 달성할 생각으로 가득할 뿐, 생산성이라는 관점이 결여되어 있었기 때문이다.

그때 상사가 하고 싶었던 말은 "이동하는 데 시간을 너무 낭비하고 있는 것은 아닌가?"라는 것이었다. 당시 나는 닥치는 대로 약속을 잡고 여기저기를 정신없이 돌아다니고 있었다. 요컨대 상사의 지적은 핵심을 찌른 것이었다. 그 이후로 나의 시간당 비용에 대해 다시 한 번 생각하게 되었다. 아직도 잊을 수 없는 순간이다.

일의 시간당 비용 측정법

그래서 여러분에게 한 가지 더 묻겠다. 당신은 자신의 시간당 비용을 아는가? 업무를 좀 더 효율적이게 하려면 자신의 시간당 비용을 알아 둬야 한다.

시간당 비용 계산식은 다음과 같다. 매우 간단하니 계산해 보길 바란다.

$$(연봉 \div 실제 근무 일수 \div 시간) \times 1.5배$$

※ 회사가 내는 사회 보험료 등의 부담 분을 반영하기 위해 1.5를 곱한다

가령 연봉이 400만 엔(3,800만 원)이라면 1시간당 비용은 대략 3,000엔(2만 9천 원)이 된다. 1시간짜리 미팅에 참석하는 데 드는 비용이 3,000엔이라는 말이다.

여기에 이동 시간이 왕복 두시간이라면 교통비와는 별개로 6,000엔(5만 7천 원)의 비용이 추가되는 셈이다. 그리고 만약 연봉이 800만 엔(7,600만 원)이라면 비용은 두 배가 된다. 물론 그 비용을 메우고도 남을 정도의 보상이 있음을 설명할 수 있다면 문제는 없다. 그러나 설명하지 못한다면 생산성을 의식하지 않고 있다는 의미다.

다시 말해, 생산성을 높이려면 여러분의 '비용 대 효과'를 높여야 한다. "신규 고객을 개척하는 건 좋은데, 비용 대 효과를 생각하고 있는 건가? 소진한 비용에 걸맞은 효과를 내지 못한다면 곤란하네." 상사는 이 말을 하고 싶었던 것이다.

이제 정리해 보자.

일을 하면서 '여러분이 무심코 행동하는 동안에도 비용이

발생하고 있다.'는 사실을 자각할 필요가 있다.

내가 아는 어떤 대기업에서는 회의를 할 때 1인당 비용을 계산하도록 의무화한 곳도 있을 정도다. 연봉이 400만 엔인 사람 10명이 모여서 한 시간 동안 회의를 한다면 발생하는 비용은 3만 엔(28만 3천 원)이다. 작은 회의라도 단순히 시간을 때우면 안 되고 의미 있는 시간으로 채워야 한다는 의미다. 자신의 업무 능력을 향상시키고 싶다면 적어도 이 정도는 의식해야 할 것이다.

이동 시간에도 비용이 발생한다

준비를 잘하는 사람

이동 중에 스마트폰으로
업무를 본다

고객에게 이메일
답신

기획서의 초안 작성

준비를 잘 못하는 사람

이동 중에 스마트폰을 취미나
오락에 사용한다

인터넷 서핑

음악 감상

생산성을 의식하면서 일하자!

6

일찍 퇴근하고 싶다면
퇴근 시간을 정하라

늦게까지 일하는 것이 '열심히 일한다.'는
증거가 아니게 된 시대

야근을 하는 것은
야근을 전제로 일하기 때문

만약 여러분이 일찍 퇴근하는 것에 불안감을 느끼고 있다면 이런 심리 때문이 아닐까 싶다.

'일찍 퇴근하면 주위 사람들이 나를 안 좋게 생각하지는 않을까?', '상사보다 늦게 퇴근해도 괜찮을까?'

하지만 여러분의 상사는 아마도 이렇게 생각하고 있을 것이다. 화내지 말고 듣길 바란다.

"부탁인데, 제발 일찍 퇴근해 주면 안 되겠나.", "도대체 무슨 일을 하길래 이렇게 늦게까지 끝내는 거야?"

이것이 상사의 본심이다.

그 이유를 설명하겠다. 얼마 전까지만 해도 야근은 '열심히 일한다.'는 증거였다. 그러나 지금은 상황이 180도 달라졌다. 오래 일하는 것이 일을 잘하는 것을 의미하지 않는다. 오히려 어떤 상사들은 늦게까지 일하는 직원이 업무에 집중하지 못한다고 생각한다.

중요한 것은 대책이다. 즉, '우리는 무엇을 해야 하는가.'이다. 어떻게 해야 업무를 빠르게 끝마치고 일찍 퇴근하는 사람이 될 수 있을지 생각하는 것이 중요하다는 말이다.

그렇다면 일찍 퇴근하는 사람들이 실천하고 있는 방법은 무엇일까? 바로 출근할 때 오늘의 퇴근 시간을 결정하는 것이다. 퇴근을 일찍하는 사람들이 불안해하지 않는 이유는 '반드시 그 시간에 일을 마치겠다고 결정했기' 때문이다. 그 후에 그들은 해야 할 일이 남아 있다고 해도 다음날 아침으로 미룬다. 미리 업무 계획을 세워 해당 일에 업무를 완수하지 않아도 할 수 있는 시간이 충분히 남아 있기 때문이다.

만약 여러분이 야근을 전제로 생각하고 있다면 출퇴근 시간을 마음속에 정해놓는 일부터 시작해 보길 바란다.

▌퇴근길에
▌일정을 잡아 두자

지금부터는 나의 이야기이다. 이렇게 말하는 나도 사회인 2~3년 차 무렵에는 장시간의 야근이 당연한 생활을 했다. 그러나 미래를 생각할 때마다 강렬한 불안감을 느꼈다. '이렇게 쫓기듯 야근을 계속하는 일상의 너머에는 대체 어떤 미래가 기다리고 있을까.'라는 불안감이었다.

몸도 마음도 완전히 지친 상태였다. 납덩이처럼 무거운 몸을 억지로 끌면서 출근했고, 지하철을 타면 어떻게든 앉아서 잠시라도 눈을 붙일 생각만 했다.

그러던 어느 날, 과감하게 결심했다. 최상의 컨디션으로 일하는 것도 프로페셔널의 소임이니 일찍 퇴근하자고. 먼저 다이어리에 퇴근 시간을 적어넣고, 무작정 학원에 다니기로 했다. 부기 학원이었다. 수업 자체는 재미가 없었지만, 갑자기 세상이 달라진 기분이 들었던 것을 기억한다.

그렇지만 나는 무작정 퇴근 시간만 정해놓은 것은 아니었다. 퇴근 시간 전까지 나의 100퍼센트를 투여해서 결정한 일은 모두 제시간에 끝날 수 있게 시스템을 만들어놓았다. 그렇게 하니 퇴근이라는 불안감도, 일을 덜했다는 생각도 깔끔히 떨쳐버릴 수 있었다.

무엇보다 큰 소득은 아직 해가 떠 있을 때 귀가하는 상쾌함을 깨달은 것이었다. 하루가 생각보다 길다는 사실도 깨달았다. 직장에서 열심히 일하고, 퇴근해서 학원에 가고, 학원에서 집으로 돌아와 아이들과 목욕을 한 뒤 가족 모두와 식탁에 둘러앉아 밥을 먹는다. 그래도 시간이 남았다.

그리고 강하게 확신했다. 직장은 어디까지나 일을 하는 곳일 뿐 나의 안식처가 아니라는 사실을. 그렇기 때문에 오히려 더 일을 확실하게 해야 한다는 것을 말이다.

되돌아 보면 이 감각을 얻은 순간 프로페셔널로서 확고한 축을 갖게 되었다는 생각이 든다.

'일찍 퇴근하면 주위 사람들이 나를 안 좋게 생각하지는 않을까?', '일할 시간이 없지 않을까?'

지금부터라도 이런 불안감은 무시해버리고 제대로 일을 해내면 된다.

퇴근 후의 시간을 충실히 보내자!

· 영어 회화 학원

· 가족과 식사

· 독서

· 운동

사생활이 충실해지면 업무도 원활해진다

제2장

언제나
여유 있게 일하는 사람이
반드시 체크하는 것

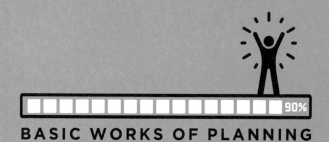

90%

BASIC WORKS OF PLANNING

7

어떻게 업무의 딜레마에서 벗어날 것인가

해야 할 일을 생각하기 전에 과제를 좁힌다

'과제는 무엇인가.'를 먼저 생각하기

완성도 있게 일을 하기 위해서는 누구나 "해야 할 일을 좁혀야 해."라고 말한다. 그러나 문제는 그것이 쉽지 않다는 것인데, 해야 할 일을 좁히지 못하는 원인 중 하나는 '과제'를 설정하지 않았기 때문이다. 이때 과제는 목적을 달성하기 위한 열쇠가 된다.

아래 순서를 보길 바란다. 직장인들이 과제를 바탕으로 대책을 궁리해야 할 때 따라야 할 사고의 순서다.

STEP 1 '과제'를 좁힌다.

STEP 2 '선택지'를 생각한다.

STEP 3 '대책'을 결정한다.

여기에서 평범한 직장인들은 보통 첫 번째 순서를 건너뛰고 생각한다.

직장에서 야근을 줄이려 하는 상황을 예로 들어 보겠다. 여러분이라면 무엇부터 시작하겠는가?

다짜고짜 '야근하지 않는 날을 도입하자!', '퇴근 시간이 되면 전등을 끄자!'라고 생각하면 성공할 수 없다. 이것이 바로 과제를 설정하지 않고 무작정 대책부터 생각하는 습관이다.

성공하는 사람은 먼저 사실을 정확히 파악하고 그 사실에 입각해 과제부터 설정한다. 그런 다음 선택지를 만들고, 기준을 정한 뒤 우선순위를 결정한다.

그러면 구체적으로 생각해 보자. 어떠한 회사에서 월말에 야근이 많은 것이 문제가 되고 있는데, 데이터를 보니 월말에 작업이 편중되어 있었다고 한다. 그렇다면 '월말에 편중된 작업을 평준화하는(균등하게 분산시키는)' 것이 과제라고 판단할 수 있다.

과제를 파악했다면 다음에는 몇 가지 해결책을 설정한다. '업무 평준화'라는 과제를 해결할 후보는 아래와 같을 수 있다.

- 마감일을 한 달에 3회 설정한다.
- 포스터를 붙여서 업무 평준화에 대한 의식을 높인다.
- 매주 조회 시간에 업무 평준화의 중요성을 강조한다.

이때 확실하게 실행이 보장되고, 가장 큰 효과를 볼 수 있는 대안은 '마감일을 한 달에 3회 설정한다.'가 될 수 있다.

바로 이러한 사고의 단계가 과제를 설정해 효과적인 대책을 세우는 기초가 될것이다.

‘과제-선택지-대책’의 순서로 정리하기

그런데 이 과제 설정을 어렵게 생각하는 사람이 적지 않다. 만약 여러분도 그렇다면 아래와 같은 순서로 과제를 설정해 보자.

- 먼저 ‘직감’으로 과제를 설정해 본다.
- 단, 선입견으로 판단하지 말고 현장을 알아야 한다.

사실을 정확히 파악하지 못하면 올바른 과제를 설정할 수 없다. 이와 관련해, 다이에의 대표이사와 일본 마이크로소프트의 COO, 파나소닉의 전무 등을 역임한 명경영자 히구치 야스유키는 저서 《내가 ‘프로 경영자’가 될 수 있었던 이유(僕が「プロ経営者」になれた理由)》에서 이렇게 말했다.

“나는 고객에 대한 관심을 높이는 것이 일본 마이크로소프트 법인 경영의 과제임을 직감적으로 느끼고 이를 확인하는 작업에 착수했다."

그러므로 직감을 키우기 위해서도 현장의 현실을 알아 둬야 한다. 구체적으로는 직원과 고객 등의 목소리를 듣는 것이다. 회사만 왔다 갔다 하는 것이 아니라 사람들과 시간을 내어 이야기를 하다 보면 문제가 무엇인지 날카롭게 분석해낼 수 있다. 이처럼 현장에 관심을 품는 것이 과제 설정의 정확도를 높이는 열쇠가 된다.

그러면 정리해 보겠다. 대책을 강구할 때는 먼저 과제를 설정해 보길 바란다. 그리고 과제를 해결하기 위해 예상되는 선택지들을 3~4개 준비한다. 그 이후 현실에 맞는 대안들을 고민한다. 이때 나만의 생각이 아닌 주위 사람의 의견을 경청하는 것도 잊지 않는다.

처음에는 어렵게 느껴질지도 모르지만, 그렇게 하면 해야 할 일을 자신 있게 좁혀 업무의 혼란을 줄일 수 있다.

이것도 해야 하고, 저것도 해야 하고…

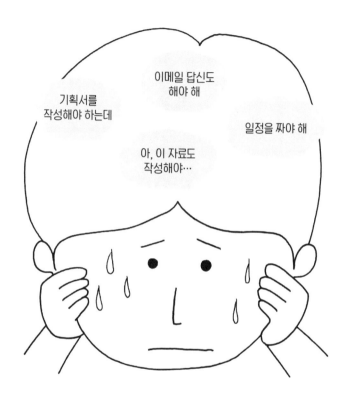

과제를 좁히면 필요한 것이 보이게 된다

8

길 잃은 직장인들을 위한
가장 단순한 목표

단순한 점수 따기가 아니다!
요구받는 역할에 부응하는 것이 프로페셔널

인사평가 높이기에
집중해본다

    회사 생활을 하면서 '내가 해야 할 일이 무엇인지 정확히 모르겠어.'라고 생각하는 사람이 적지 않을 것이다. 정시에 출근해서 열심히 일하고, 다음날도 정시에 출근해서…. 이런 하루를 반복할 뿐이다.

    상사가 이따금 "자네는 하고 싶은 일이 뭔가?"라고 물어보지만 제대로 대답하지 못한다. 너무 집요하게 물어봐서 "하고 싶은 일이 없으면 안 되는 겁니까?"라고 되받아치고 싶어질 때도 있다. 여러분에게는 그런 경험이 없는가?

    하고 싶은 일이 명확할수록 단시간에 성과를 낼 가능성이 커지는 것은 사실이다. 그러나 지금 하고 싶은 일이 무엇인지 모르겠다고 해서 포기할 필요는 없다. 그런 사람에게 추천하는 방법이 있다. 일단은 눈앞에 놓인 '인사 평가를 높이는' 데 도전하는 것이다.

    이렇게 말하면 '그랬다가는 출세에 눈이 먼 밉살스러운 사람이 되는 거 아니야?'라고 생각할지도 모르지만, 일단은 이것을 첫걸음이라고 생각하길 바란다. 이 과제를 이루었을 때 다음 도약을 기대할 수 있는 것이다.

그러면 지금부터 회사에서 평가를 높인다는 것이 어떤 의미인지 설명하겠다. 평가를 높인다는 것은 '요구받는 것'에 대해서 기대 이상의 성과를 낸다는 의미다. 야구로 치면 선발 투수가 두 자릿수 승리를 거두려고 애쓰는 것과 같다. 선발 투수가 홈런을 치고 타율을 3할로 끌어올리기 위해 노력할 필요는 없다.

이렇듯 프로페셔널의 대전제는 요구받는 역할에 부응하는 것이다. 즉, 요구받는 역할에 '부응하는' 수준이 아니라 '넘어설' 때 비로소 평가를 높일 수 있다. 시작은 단순할지 몰라도 그게 당신을 성장하게 하는 계기가 될 수 있다.

▍요구받는 역할을 기대 이상으로 수행하기

실제 사례를 소개하겠다. 편의상 그 사람을 A라고 부르겠다. A는 회사에서 8년 동안 근무한 영업 사무직 직원으로, 그 직종에서는 베테랑이다. 능력은 뛰어나지만 주위에서 봤을 때는 매일 주어진 업무를 처리하기만 하는 것으로 보이기도 했다고 한다.

내근 사무직이라는 직종은 평가하기가 참 어려워서, 일을 원활히 처리하기만 하면 부정적인 평가를 받을 일이 없다. 그렇다 보니 베테랑이 되면 무의식중에 주어진 업무를 처리하기만 하는 경우가 적지 않다. 요컨대 어느 정도 예정대로 업무를 처리함으로써 합격점을 받는 데 만족하는 조금은 유감스러운 상태가 되기 쉬운 것이다. A가 바로 그런 상태였다.

그러던 어느 날, A에게 기회가 찾아왔다. 상사가 바뀐 것이다. 바뀐 상사는 A에게 "자네에게 부탁하고 싶은 일이 있네. 자네의 노하우를 살려서 신입 사원을 교육해줄 수 있겠나?"라고 제안했다. 그리고 또 다른 요청도 덧붙였다. "인사 고과에서 고득점에 도전해 보면 어떻겠나?"라는 것이었다.

A는 흔쾌히 승낙했다. 그리고 명확한 목표를 설정했다. 설정한 목표는 신입 사원 세 명을 한 사람 몫을 해낼 수 있는 인재로 성장시키는 것이었다. 그런데 실제로는 신입 사원 세 명뿐만 아니라 그 주위의 선배들까지 여섯 명의 성장에 기여하는 결과로 이어졌고, 인사 고과에서 최상위권의 평가를 받게 되었다.

A는 이 일을 계기로 각성했다. 별생각 없이 주어진 업무를 처리할 뿐이던 과거와 달리 항상 자신에게 주어진 역할을 명확히 하고 기대를 뛰어넘을 방법을 궁리하게 된 것이다.

자, 이 사례를 보고 무슨 생각이 들었는가? 하고 싶은 일이 딱히 없다면 없어도 상관없다. 그것을 억지로 찾기보다 자신이 요구받는 것이 무엇인지를 분명히 하고 그 기대를 뛰어넘을 방법을 궁리하길 바란다. 그것이 나도 성장하고 회사도 성장하는 길이다.

자신에게 요구되는 것이 무엇인지 얼마나 의식하고 있는가

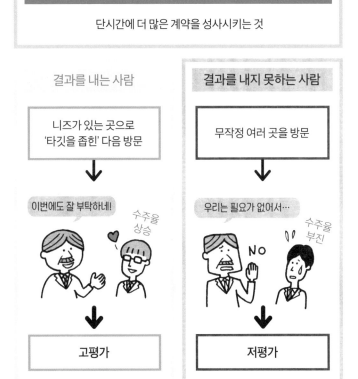

영업 사원에게 요구되는 것

단시간에 더 많은 계약을 성사시키는 것

결과를 내는 사람

니즈가 있는 곳으로 '타깃을 좁힌' 다음 방문

이번에도 잘 부탁하네!

수주율 상승

고평가

결과를 내지 못하는 사람

무작정 여러 곳을 방문

우리는 필요가 없어서…

수주율 부진

NO

저평가

불필요한 노력을 없애면 일이 한층 편해진다!

9

그 자료, 정말 시간을 들일 가치가 있는 것일까

작업 그 자체는 수단일 뿐,
본래의 목적은 무엇인가

일 잘하는 사람도 쉽게 빠지는
'수단의 목적화'

　경영학의 대가인 피터 드러커는 "하지 않아도 되는 일을 효율적으로 하는 것만큼 비효율적인 것은 없다."라고 말했다. 이 격언의 진짜 의미는 '수단이 목적화' 되어 버리는 것에 대한 경종이다.

　수단의 목적화란 '하는 것(작업)' 자체가 목적이 되어 버리는 현상을 가리킨다. 회사 내부에서 사용할 회의 자료인데 디자인에 너무 공을 들인 나머지 야근까지 하면서 완성하는 것이 그 전형적인 예다.

　설명을 조금 더 덧붙이면, 수단의 목적화는 진짜 목적이 무엇인지에 대한 의문을 제기한다. 위의 사례에 덧붙여 설명하면, 아무리 회의 자료 디자인에 공을 들인들 실질적인 효과에는 차이가 별로 없다. 매출이나 성과로 이어지지 않는데 필요하지 않은 일에 시간을 쏟게 되는 것이다. 아이러니하게도 열심히 몰두할수록 수단의 목적화라는 함정에 빠져버리게 된다.

　그래서 여러분에게 한 가지 해결책을 제안하려고 한다. 어떤 상황에서도 목적을 의식하게 하는 나만의 주문을 소개하겠다.

"지금 이런 것에 시간을 사용하고 있을 때가 아니야. 왜냐하면…"

간단해 보이지만 이것이 전부다. 이 말을 주문처럼 중얼거리기만 해도 목적을 의식하게 되니 참으로 신기한 일이다.

얼마 전에 이런 일이 있었다. 대학생인 내 아들이 파워포인트를 사용해서 리포트를 작성하고 있었는데, 무료 이미지 사이트를 보면서 어떤 그림을 삽입할지 한참을 고민하는 것이었다. 그래서 아들에게 이 주문을 중얼거려 보라고 제안했다.

"지금 이런 것에 시간을 들이고 있을 때가 아니야. 왜냐하면, 왜냐하면 예쁘기만 한 일러스트는 주제와 상관이 없으니까!"

아들은 즉시 무료 이미지 사이트의 창을 닫고 일목요연하게 서체를 정리하는 방식으로 대체했다.

되돌아 보면 우리의 업무 속에는 목적에 아무런 영향도 끼치지 못하는 작업이 반드시 숨어 있다. 먼저 그 사실을 깨달을 수 있느냐가 중요하다.

부디 내가 제시한 주문을 읊어 보길 바란다. 나도 모르게 무엇이 중요한지 알아차리게 될 것이다.

목적 달성에 영향을 끼치지 않는 작업들

☑ 일단 모이고 본다

☑ 쓸데없이 긴 문서

☑ 수많은 첨부 자료

안 해도 결과에 영향을 끼치지 않는 것은 하지 않는다

10

처음부터 다시 하는 사태를
90% 막는 방법

상사의 니즈를 파악하면서
궤도를 수정해 나간다

상사에게 수시로
퇴짜를 맞는다면

　어떤 일을 해가도 매번 상사에게 퇴짜를 맞는 사람들은 공통적인 이유가 있다. 이 책을 쓰기 전에 사전 인터뷰를 하면서 다시 한 번 확인하게 됐다. 그런 사람들은 하나같이 "상사에게 설명하기가 귀찮아서, 일 진행 상황을 따로 보고하지 않았습니다."라는 말을 했다.

　여기에는 '상사에게 무슨 말을 들을지 몰라 겁이 난다.' 혹은 '쓸데없는 말을 해서 일을 키우지 않을지 걱정된다.' 같은 심리가 바탕에 깔려 있을 것이다. 그런 심정을 이해 못 하는 바는 아니지만, 업무를 원활히 진행하려면 상사의 의중을 파악하는 것은 물론이고 상사의 힘을 빌릴 필요가 있다. 상사의 최종 목표는 일은 제대로 진행하는 것이다. 그래서 상사는 언제나 당신에게 도움을 줄 준비가 돼 있다.

　사실 이런 일들이 자주 발생하는 것은 능력의 문제가 아니다. 순서의 문제다. 상사에게 설명하기가 귀찮다고 생각하는 사람은 '이른 단계에 수시로 보고, 논의하는' 방법을 실천해 보길 바란다. 솔직히 고백하면 나도 상사와 논의하는 것을 좋아하지는 않았다. 상사가 틀렸다고 할까 봐 많이 두렵기도 했다. 그래서 실패도 많이 겪었다. 그 실패의 대부분은 "자네가 한 말도 일리는 있지만, 지금의 우선순위를 생각하면 그건 아니야."라는 것이었다.

게다가 당시 20대였던 나는 더 큰 오해를 하고 말았다. '기획서의 분량을 더 늘려서 상사의 니즈에 부응하자.'라고 생각한 것이다.

이제 여러분도 눈치 챘을 것이다. 순서가 틀렸던 것이다. 일의 초기 단계부터 수시로 보고와 연락을 하고, 문제 상황이 생기면 상담을 통해 상사와 사안을 조율해야 한다. 그러면서 '상사는 무엇을 문제시하고 있는가.'를 파악하는 것이 먼저다. 일의 분량을 늘리는 것은 그 이후다.

20대의 나는 이를 까맣게 놓치고 있었다. 결과는 어땠을까? 나는 시간을 정말 많이 쏟았던 일을 처음부터 다시 하게 됐다. 이때 마감 기한을 놓친 건 당연한 결과다.

초반의 잦은 조정이 중요하다

내가 이 사실을 깨달은 것은 영업하러 간 곳에서 만난 유능한 사람들이 어떻게 일하는지 보고 나서였다. 그들의 공통점은 상사가 신뢰하고 일을 맡긴다는 것이었는데, 그 전 단계로서 초기에 자신이 하려고 하는 것, 시작한 것을 '수시로' 상사에게 확인받고 있었다.

물론 처음에는 "그게 아니야."라든가 "이렇게 하는 편이 좋을 것 같네." 같은 지적을 받는 등 자신의 생각대로 원활히 진행되지는 않는 경우도 있을 것이다. 그러나 이 또한 필요한 과정이라고 생각해야 한다. 초기부터 수시로 상사에게 확인하기를 계속하다 보면 나중에 처음부터 다시 해야 하는 사태가 발생할 위험성도 사라진다.

자기 일의 재량권을 되찾는 기술

'귀찮다고 생각하지 않고 초기에 수정을 거듭한다.'

이것이 '처음부터 다시 하기'를 방지하는 비결이며, 최종적으로는 재량권을 부여받는 첫걸음이 된다.

마지막으로 회사의 모든 업무는 반드시 상대와 함께 진행하는 것임을 명심하길 바란다. 독불장군처럼 일하지 말고 초기에 자신이 하려고 하는 것, 시작한 것을 수시로 상사에게 전하며 확인을 받자. 연차가 적을수록 이를 놓칠 수 있으니 특히 유의해야 한다.

'보고, 연락, 상담'이라는 벽을 세워서
처음부터 다시 하게 되는 사태를 방지한다

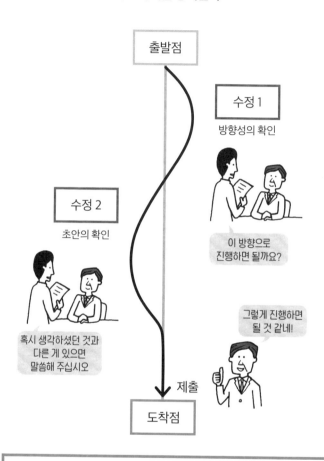

출발점

수정 1

방향성의 확인

이 방향으로
진행하면 될까요?

그렇게 진행하면
될 것 같네!

수정 2

초안의 확인

혹시 생각하셨던 것과
다른 게 있으면
말씀해 주십시오

제출

도착점

확인과 보고를 거듭하는 사이에
안심하고 일을 맡길 수 있게 된다

11

70점의 완성도로 끝마치는
용기를 갖는다

업무 처리 속도가 빠른 사람은
처음부터 100점을 목표로 삼지 않는다

혼자 힘으로 어렵다는 것을
인정하라

　갑작스럽지만 퀴즈를 하나 내겠다.

　여러분이라면 다음의 상황에서 A에게 무슨 조언을 하겠는
가? 미리 말하면, A는 사전에 준비를 잘하지 못하는 사람이다.

　텔레비전 방송국에서 일하는 A는 어떤 특집 방송을 제작하
기 위해 전문가에게 전화를 걸어 취재했다. 그 전문가는 두
시간을 들여서 몇 가지 자료를 작성해 이메일로 A에게 보냈
다. 대가를 받은 건 아니었다.

　다음 날, A는 그 전문가에게 다시 전화를 걸었다. 자료에 나
와 있는 정보의 상세한 내용을 알고 싶다는 것이었다. 이에
전문가는 다시 한 시간을 들여서 자료를 작성해 이메일로
보냈다.

　그 다음 날, A가 또 전화를 했다. 더욱 상세한 내용을 알고 싶
다고 한다. 전문가는 자신의 연구 성과 중 제공할 수 있는 것
을 전부 보냈다.

　그후 몇 주 동안 A로부터 연락이 오지 않았다. 전문가는 A가
자료를 이해하는 데 어려움을 겪고 있는 것은 아닌가 걱정

되어 전화를 걸었다. 그러자 A는 이렇게 대답했다.

"회의에서 방향성이 다르다는 지적을 받아, 이번에는 다른 자료를 사용하기로 했습니다."

지금까지 전문가의 노력이 전부 헛수고가 되어 버린 순간이었다. 전문가는 이 방송국의 요청에는 두 번 다시 응하지 않겠다고 결심했다.

무서운 사실은, 위의 사례가 실화라는 것이다.

▋ 초안의 상태여도 괜찮다

그러면 다시 질문하겠다. A는 명백히 준비와 진행 능력이 부족한 사람인데, 어떻게 해야 이런 상황을 예방할 수 있었을까? 여러분이 A에게 조언해야 하는 처지라면 뭐라고 조언을 하겠는가?

답은 간단하다.

"혼자서 100점짜리 결과물을 만들려 하지 말고, 일단은 초안 상태여도 좋으니 관계자들에게 보여주고 의견을 들은 다음

자기만족에 빠져서 작업을 하면 반드시 처음부터 다시 하게 된다

밤을 새우며 열심히 작업했다

디자인에 심혈을 기울였다

기획서

텍스트만으로 충분한 것을
왜 시간을 낭비하나!

완성도는 70퍼센트면 충분하므로,
만들기에 앞서 방향성을 확인한다

에 세부적인 내용을 채워 나가도록 하게."

이렇게 하면 불필요한 노력도 줄일 수 있고, 무엇보다 더 나은 결과를 손에 넣을 수 있다. 만약 A가 내부 소통을 더 자세히 해나가면서 전문가와 진행을 했더라면 괜히 전문가의 시간과 노력만 소모시키는 형국까지 이르지는 않았을 것이다.

더욱이 마지막에는 A가 전문가의 자료를 쓰지 않는데도 전문가에게 아무 연락도 취하지 않았다. 결과를 알려주는 것은 진행자의 의무인데도 말이다. 그러니 더욱 전문가 입장에서는 화가 날 수밖에 없다.

이처럼 일을 제대로 수행하기 위해서는 처음부터 혼자서 100점을 받으려 애쓰기보다 의견을 들으면서 진행해야 한다. 잘 소통된 70점짜리 일이 오히려 더 나은 결과를 얻는다. 이 사실을 명심하길 바란다.

12

혼자서 열심히
생각하기보다 먼저
사람들에게 물어본다

정통한 사람에게 물어보는 편이
더 빠르게 해결할 수 있다

당신의 일이
오늘도 끝나지 않는 이유

업무를 수행하기 위해 정보를 조사하다 보면 생각 이상으로 시간이 걸릴 때가 많다. 이때 큰 도움이 되는 원칙이 있다.

"인터넷 검색은 적당히 하고, 정통한 사람에게 물어보거나 실제로 가서 눈으로 확인한다."

가령 1개월 동안 기침이 멈추지 않는다고 가정하자. 인터넷에서 검색해 보니 다양한 정보가 넘쳐난다. 무엇이 정확한 지식인지 알기가 힘들다.

자, 여러분은 어떻게 하겠는가?

그렇다. 결국은 병원에 가 봐야 알 수 있다. 의사를 만나봐야 여태까지의 추측이 사실인지 확인할 수 있다.

준비를 잘하는 사람은 증상에 대한 파악을 빠르게 끝내고 호흡기 내과를 검색한 다음 병원을 찾아간다. 진찰 결과 별다른 이상이 없었지만 그래도 마음에 걸린다면 이비인후과도 찾아가 진찰을 받는다. 여기에서도 별다른 이상이 발견되지 않는다면 안심할 수 있다.

'이거 해봤어?'
해본 사람은 안다

비즈니스도 마찬가지다. 자사 홈페이지의 접속자 수를 높일 방법을 조사한다고 가정하자. 이것을 인터넷에서 조사하면 어떻게 될까?

분명히 당신은 정글 속에서 헤매게 된다. 그리고 정글 속에서 헤매다 겨우 찾아낸 사이트를 들여다 보면 검색 엔진 최적화(SEO), 리스팅 광고(특정 키워드를 검색했을 때 고객의 제품 또는 서비스를 상위에 표시해 주는 유료 광고 - 옮긴이), 홈페이지 최적화, SNS와의 연동 등 지극히 뻔한 방법만 나올 뿐이다. 제대로 된 정보를 찾았다 해도 많은 돈을 주고 정보를 사야 하는 경우도 있다.

그런데 우리 회사의 홈페이지를 맡기고 있는 크리에이터에게 물어보니 그가 불과 3분 만에 '우리 회사에 최적의 정보'를 가르쳐줬다. 바로 회사 홈페이지에 칼럼 페이지를 만들고 정기적으로 칼럼을 연재하는 방법이었다. 이전에도 접속자 수가 단기적으로 두 배 증가하는 등 효과가 좋았다고 한다.

다음에는 SEO 회사를 경영하는 친구에게도 물어봤다. 그랬더니 칼럼과는 별개의 랜딩 페이지(검색 엔진이나 광고 등을 경유해서 접속하는 이용자가 최초로 보게 되는 웹페이지 - 옮긴이)를 만드는 전략을 가르쳐줬다.

이제 남은 것은 나의 선택뿐이다. 우리 회사에 어떤 방법이 맞는지 생각해 보면 답이 나올 것이다.

또는 이렇게 얻은 키워드를 통해 다시 제대로 인터넷에 재검색해 보는 방법도 있다. 구체화된 검색 키워드는 당신을 좀 더 양질의 정보로 데려다줄 것이다.

이처럼 일단 필요한 정보를 인터넷에서 대략적으로 가늠한 다음에 복수의 사람에게 물어봄으로써(혹을 직접 봄으로써) 선택지를 마련하고, 그중에서 최적의 정보를 선택한다. 이렇게만 해도 단시간에 효과적인 정보를 얻을 수 있다.

정보 수집을 위한 인터넷 검색은 적당한 수준에서 끝낸다

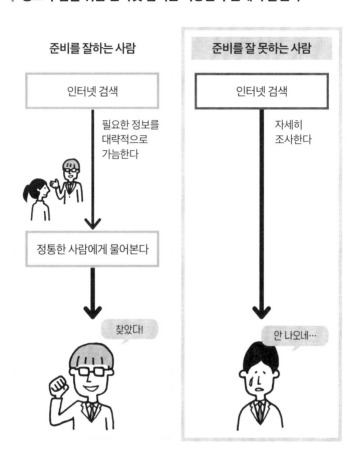

준비를 잘하는 사람

인터넷 검색

필요한 정보를
대략적으로
가늠한다

정통한 사람에게 물어본다

찾았다!

준비를 잘 못하는 사람

인터넷 검색

자세히
조사한다

안 나오네…

인터넷은 처음에 필요한 정보를
대략적으로 가늠할 때 사용하는 것이다

13

준비를 잘하는 사람은
업무의 미래를 본다

눈앞의 일을 완벽히 하는 것보다 중요한 것

완전히 예측에 실패했던 신칸센의 차내 커피 판매

　지금까지 준비를 잘하는 사람은 미래를 내다볼 수 있어서 처음부터 다시 하는 일이 없는 사람이라고 말했다. 처음부터 다시 하는 사태가 일어나는 요인 중 하나는 전체를 보지 않고 눈앞의 업무에만 힘을 쏟기 때문이다. 쉽게 말해 나무만 보고 숲은 보지 못하는 것이다.

　처음부터 다시 하는 일이 반복되면 아무리 열심히 일했더라도 평가가 떨어지기 때문에 반드시 예방해야 한다. 그렇다면 이를 위한 가장 중요한 열쇠는 무엇일까? 바로 예측력을 높이는 것이다.

　"그게 말처럼 쉬운 게 아니잖아.", "처음부터 어떻게 예측력을 높이지."라면서 낙담하는 사람도 있을 터인데, 이렇게 생각해 보면 어떨까. 다음 두 질문을 상상하는 것이다.

　① 앞으로 어떻게 될 것 같은가.
　② 관여하는 사람, 영향을 끼치는 사람은 누구인가.

　이제부터 두 가지 실화 예시와 함께 그 의미를 설명하겠다.

① '앞으로 어떻게 될 것 같은가.'를 간과할 경우

도쿄에서 나가노로 신칸센을 타고 갈 때 있었던 일이다. 기차 안은 좌석이 80퍼센트 정도가 차 있어 혼잡한 상태였다. 시각은 오전 11시. 점심을 먹기에는 조금 이르고, 끼니가 되는 스낵도 팔지 않는 시간대다. 그런데 차내 판매원이 "죄송합니다."라고 사과하며 연신 고개를 숙이고 있었다. 보아하니 커피가 품절된 모양이었다.

문득 이동 판매 수레를 보니 다른 상품은 충실하게 갖춰져 있었다. 포도주에 안주도 잔뜩 있었다. 그러나 몇몇 승객은 마시고 싶었던 커피를 마시지 못한 채 나가노 역에서 내려야 했다. 왜 '커피'만 품절되는 사태가 벌어진 걸까? 이를 예방할 수는 없었던 걸까?

② 관여하는 사람, 영향을 끼치는 사람에 대한 생각을 간과할 경우

이것은 다른 사람에게 들은 이야기이다.

영업 소책자의 작성을 담당하게 된 A는 소책자 제작 회사와 수없이 미팅을 했고, 그렇게 한 보람이 있어서 제작 회사로부터 수준 높은 디자인의 기획안을 제안받았다.

그런데 기획안을 본 상사가 "현장에 있는 사람들은 그 영업 소책자를 어떻게 생각할지 모르겠군."이라고 지적했다. 이후 상사는 곧바로 영업 책임자에게 소책자를 보여줬는데, 예상 밖의 반응이 돌아왔다. "이렇게까지 디자인에 신경을 안 써도 됩니다. 현장에서 쓰기에는 더 단순한 편이 좋아요."라는 것이었다.

담당자는 어쩔 수 없이 제작 회사에 기획안을 처음부터 다시 만들어 달라고 부탁해야 했다. 결국 그동안의 노력은 헛수고로 돌아가고, 두 번 일하게 된 것이었다.

의외로 이런 일들은 많이 일어난다. 혹시 예방할 수는 있었을까?

이 일의 영향을 끼치는 사람은 누구인가

두 실패 사례의 공통된 원인은 무엇이라고 생각하는가? 분명히 두 사람 모두 눈앞의 일을 완벽히 하고자 최선을 다했다. 그러나 미래를 예측하는 시점이 결여되어 있었다.

그렇다면 어떻게 해야 했을까?

신칸센 사례에서는 승객들의 면면을 살피면서 '이 시간대라면 어떤 주문이 많이 들어올까?', '커피포트 하나로는 부족

▌준비를 잘하는 사람은 '눈에 보이는 세계'가 다르다

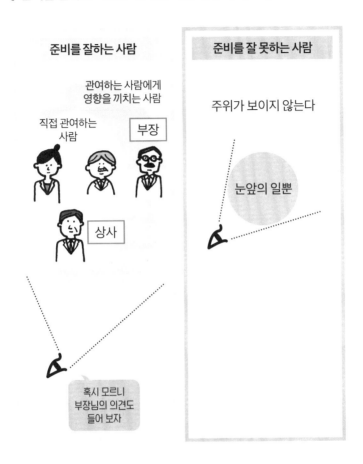

준비를 잘하는 사람

관여하는 사람에게
영향을 끼치는 사람

직접 관여하는
사람

부장

상사

혹시 모르니
부장님의 의견도
들어 보자

준비를 잘 못하는 사람

주위가 보이지 않는다

눈앞의 일뿐

**전체가 보이지 않으면
처음부터 다시 하게 되는 일이 늘어난다**

하지 않을까?'와 같은 상상을 해야 했다. 여태까지 신칸센에서 이 시간대에 커피를 판매한 데이터가 있을 것이다. 커피 재고가 부족했던 것도 아마 처음은 아닐 것이다. 그런데도 커피 수량을 잘못 체크한 것은 담당자의 준비 부족 혹은 시스템의 부재라고 볼 수밖에 없다. 충분히 예상 가능하고, 예방할 수 있는 문제였다.

영업 소책자의 사례에서는 '누가 이 소책자를 사용하는가?', '그렇다면 누구의 의견을 존중해야 하는가?'를 상상해야 했다. 소책자를 기획했던 A 담당자는 예쁘고, 잘 만들고 싶은 마음이 앞서 누가 이 소책자를 보는지, 누가 결정을 내리는지를 간과했다. 그 결과 여태까지의 노력은 아무것도 아닌 게 되었고, 상사한테도 그다지 좋은 인상을 주지 못했다.

어렵게 생각할 필요는 없다.

앞으로 어떻게 될 것 같은가? 그리고 '관여하는 사람'과 '영향을 끼치는 사람'은 누구인가? 이것만 생각해도 시야가 넓어진다. 누구나 간단하게 효율적으로 일할 수 있게 되는 것이다.

14

5W1H를 활용해 체계적으로 종이에 정리한다

종이에 적으면 해야 할 작업의
순서가 보인다

5W1H로
분해한다

　회사 생활을 하다 보면 "매사에 잘 준비해서 체계적으로 진행하면 되잖아."라고 아무렇지도 않게 말하는 사람들이 있다. 그런 말을 들으면 무심코 "말은 쉽지."라는 생각이 스쳐지나갈 것이다.

　사실 나도 미리 준비하면 뭐든 잘된다고 생각하는 사람 중 하나이다. 그래서 이를 더 상세하게 설명을 하기 위해 이 책을 썼다.

　그렇다면 업무에서 준비를 잘한다는 포인트는 무엇일까? 바로 요소를 잘게 분해하는 것이다. 업무의 크기가 작아지면 이전에는 잘 보이지 않던 것들이 보이게 된다. 나는 이를 '5W1H'라는 공식으로 정리했다.

　이제부터 준비 능력을 높이기 위한 두 단계를 살펴보자. 종이에 써보면서 생각을 하면 더 편하다.

STEP 1 5W1H의 관점에서 생각한다.

STEP 2 관점별로 2~3개의 상상을 발동한다.

잘 이해가 안 될 수 있으니 설명을 덧붙이겠다.

STEP 1 5W1H의 관점에서 생각한다

5W1H는 무엇을(What), 왜(Why), 언제(When), 어디에서(Where), 누가(Who), 어떻게(How)라는 여섯 가지 요소를 가리킨다.

이 핵심 요소들은 회사뿐만 아니라 일상에서도 자주 들어봤을 터인데, 어떤 일을 시작하거나 진행할 때도 이 관점에서 생각하면 도움이 된다.

STEP 2 관점별로 2~3개의 상상을 발동한다

5W1H의 요소별로 최소 2~3개의 행동을 생각하면 자연스럽게 준비를 잘하는 사람의 행동이 된다.

예를 들어보자. 당신은 상사에게서 회의 때 제공할 도시락을 준비하라는 지시를 받았다. 이런 종류의 업무는 간단해 보이지만 센스 있는 직원이라는 말을 듣기가 여간 어려운 게 아니다.

이를 5W1H를 적용해 생각해 보자.

(1) What: '무엇'을 준비하는가?

먼저, 15명 분의 도시락(점심 식사)을 준비한다.

➡ (추가적인 상상)

- 그래, 각자의 입맛에 맞춰서 고를 수 있도록 '한식·양식·중식'을 준비하자.
- 아, 맞다. 페트병 생수도 함께 제공해야지.

(2) Why: '왜' 준비하게 되었는가?

11시부터 14시까지 장시간 회의를 하기 때문이다.

➡ (추가적인 상상)

- 그래, 시간이 없기 때문에 도시락을 먹으면서 회의를 하고 싶다고 했어.

(3) When: '언제' 준비하면 되는가?

전날 예약해놓자(품절될지도 모르니).

➡ (추가적인 상상)

- 당일 11시 반에는 회의실에 반입하자(회의 진행 상황에 따라서는 11시 40분에 먹게 될지도 몰라).
- 그리고 13시에 회수하자(생수가 더 필요한 사람도 있을지 몰라).

(4) Who: 참가자는 '누구'인가?

회의의 참가자는 부장님과 과장님이야.

➡ (추가적인 상상)

- 생각해 보면 연령도 성별도 제각각이야. 그러니 먹는 양도 기호도 다양할 거야.
- 그러고 보니 부장님은 당질 제한 중이라고 하셨지.

(5) Where: '어디에' 발주? '어디로' 반입?

15개를 주문하니까, 회사까지 배달해 줄 가게를 찾아보자.

➡ (추가적인 상상)

- 회의실에 반입할 때는 회의에 방해가 되지 않게 해야 해.
- 그러니 회의실 한구석에 일시적으로 도시락을 놓아둘 테이블을 가져다 놓자.

(6) How: '어떻게' (또는 어떤 상태로) 운반할까?

두 명이 운반하자(혼자서는 한 번에 반입하기가 어려우니).

➡ (추가적인 상상)

- 가능하다면 도시락을 따뜻한 상태로 제공하고 싶어(가게와 의논해 보자).

온갖 사태를 상상해놓는다

　어떤가? '내가 할 수 있을까?'라는 불안감을 느낀 사람도 있을지 모르지만, 안심하길 바란다. 상상에 정답은 없다. 어디까지나 자기 나름대로 상상해 보는 것이 중요하다. 물론 오차가 발생해도 상관없다. 무엇보다도 상상하는 것이 준비의 첫걸음이다.

　그리고 다음 단계로 넘어간다. 제대로 생각을 정리했다면 이제 실천하는 게 필요하다.

　다음의 그림처럼 시간순으로 정리하면 필요한 절차를 정리할 수 있다. 익숙해질 때까지는 종이에 적어 보는 것도 좋다.

　자, 어떤가? 생각 이상으로 치밀하다는 생각이 들지 않았는가? 그렇다. 준비를 잘하는 사람은 정말로 철두철미하다. 그러나 걱정할 필요는 없다. 이 또한 매일 반복하다 보면 반드시 몸에 배게 된다.

작업을 시간순으로 정리한다

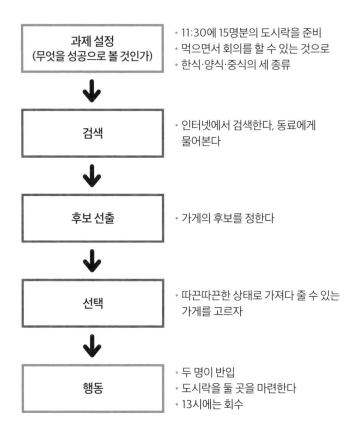

| 과제 설정
(무엇을 성공으로 볼 것인가) | • 11:30에 15명분의 도시락을 준비
• 먹으면서 회의를 할 수 있는 것으로
• 한식·양식·중식의 세 종류 |

과제 설정
(무엇을 성공으로 볼 것인가)

• 11:30에 15명분의 도시락을 준비
• 먹으면서 회의를 할 수 있는 것으로
• 한식·양식·중식의 세 종류

검색

• 인터넷에서 검색한다, 동료에게
  물어본다

후보 선출

• 가게의 후보를 정한다

선택

• 따끈따끈한 상태로 가져다 줄 수 있는
  가게를 고르자

행동

• 두 명이 반입
• 도시락을 둘 곳을 마련한다
• 13시에는 회수

결과적으로는 조금 오차가 발생해도 상관없으니
자기 나름대로 필요 사항을 상상해 본다

제3장

여유가 넘치는 사람의 비결 1
'일정 짜기'

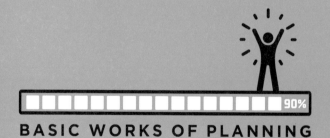

BASIC WORKS OF PLANNING

15

제1원칙,
무엇이든 마감 이틀 전에
제출하기

나만의 마감 기한을 설정하라

마감 기한에 딱 맞추려고 하니까 허둥대게 된다

혹시 늘 마감 직전에 허둥지둥 일하고 있다면 마음속 어딘 가에서 이렇게 생각하고 있을 가능성이 크다.

'그냥 마감 기한에 맞추기만 하면 돼.'

옛날에는 나도 그렇게 생각했다. 그러나 이것은 위험한 발 상이다. 자신도 모르는 사이에 '배려가 없는 사람'으로 인식될 수 있다. 또, 마감 기한만 맞추려다가 의외의 변수로 마감을 지 키지 못하는 경우도 부지기수이다.

이런 상황을 상상해 보라. 여러분이 긴급히 클레임에 대응 하고 있다고 가정하자. 이메일 수신함을 보니 사내의 A에게 서 메일 한 통이 와 있었다. 고객 목록의 주소와 회사명이 정 확한지 확인해 달라는 내용으로, "수정할 점이 있다면 내일까 지 답신해주실 수 있을까요?"라고 적혀 있었다. 첨부된 엑셀 파일을 여니 고객 목록이 대충 봐도 300건은 되어 보였다.

자, 이때 당신은 어떤 생각이 들었겠는가?

'지금 이런 거나 하고 있을 때가 아닌데. 이런 건 좀 더 일찍 말해 달라고. 누구 보고 하라는 거야.'라는 생각이 들었을 것 이다. 그렇다. A로서는 이기적인 사람으로 인식되어도 할 말이 없다.

이처럼 시간관념이 약한 사람은 빌린 돈을 제때 갚아야 한다는 의식이 약한 사람과 마찬가지로 확실히 신용을 잃는다고 생각하는 편이 좋다.

반면 준비를 잘하는 사람은 마감 기한의 무서움을 알고 있다. 그래서 반드시 실제 마감 기한보다 이른 '자신만의 마감 기한'을 설정함으로써 여유 시간을 확보한다. 참고로 이런 여유를 비즈니스 용어로는 '버퍼(완충)'라고 부르는데, 이 버퍼를 설정함으로써 예상치 못했던 사고에 대비한다. 실제 마감 기한보다 이른 자신만의 마감 기한을 설정하고 그에 맞춰서 작업을 진행하면 약속한 날짜보다 일찍 제출할 수 있게 된다.

약속한 마감 기한보다 일찍 자신만의 마감 기한을 설정하는 방법은 모든 일에 적용할 수 있다. 대부분의 일정을 10~20퍼센트 정도 앞당기면 될 것이다.

다음 페이지의 그림을 보길 바란다. 그림처럼 목요일 16시가 마감 기한이라면 수요일 오전에는 제출하도록 일정을 짜놓는다. 이렇게만 해도 말하자면 상대에게 1~2일의 여유를 선물할 수 있는 것이다. 이런 습관을 사회 초년생부터 일찍 들인다면 차곡차곡 신뢰가 쌓여 어딜 가든 일 잘한다는 이야기를 들을 것이다. 일의 완성도가 올라가는 것은 덤이다.

▎한발 빠른 대응으로 여유를 만든다

마감 기한: 11일(16시)

준비를 잘하는 사람은 이때 제출

나만의 마감

그리고,

이 기간을 수정이나 변경에 사용한다

준비를 못하는 사람은 직전에 제출

마감

**진짜 마감 기한보다 이른 나만의 마감 기한을 설정하면
예상치 못한 일이 발생하더라도 대응할 수 있다**

나만의 마감 기한을 설정하면 평가도 오른다

나만의 마감 기한은 그 밖의 상황에서도 활용할 수 있다.

약속 상대를 만나러 지하철로 이동할 때는 지하철을 두 대 일찍 탄다. 도착이 지연되더라도 상대가 기다리지 않도록 배려하는 것이다.

미팅 시간 15분 전에는 약속 장소에 도착한다. 안내 데스크 앞에 사람이 많아서 기다리더라도 지각하지 않도록 배려하는 것이다. 때론 먼저 도착해서 장소의 분위기를 탐색하고, 메뉴를 미리 고를 수도 있다.

크게 어렵지 않은 행동이지만, 이처럼 나만의 마감 기한을 설정하면 시간에 여유가 생길 뿐만 아니라 여러분의 평가도 높아진다. 왜 평가가 높아질까? 상대에게도 시간은 귀중하기 때문이다.

종종 마감에 늦는 사람은 오늘도, 내일도, 그 다음날도 최대한 열심히 노력하면 틀림없이 성과를 낼 수 있으리라고 믿으면서 일하는 측면이 있다. 그러나 명확한 계획 없이 무작정 열심히 일하면 도중에 마감 기한 혹은 약속 시간을 넘겨 버릴 위험이 있다.

반면에 준비를 잘하는 사람은 끝에서부터 역산해서 일정을 세운다. 그들은 달성하는 데 필요한 작업을 월, 주, 일 단위로 할당하고 언제까지 무엇을 얼마나 달성해야 하는지 명확히 한다. 그리고 나만의 마감 기한을 설정하기에 실제 마감 기한을 넘겨 버리는 일이 거의 없다.

나만의 마감 기한을 설정하는 것은 특별한 능력이 필요한 게 아니다. 누구나 인식만 하고 있다면 금방 할 수 있는 일이지만 그 파급력은 엄청 나다. 직장 생활 성공의 대부분을 좌우한다고 해도 과장이 아니다. 매일 마감 기한에 허둥댄다면 오늘부터라도 반드시 나만의 마감 기한을 설정해 보길 바란다.

16

일정은 들어오는 것이
아니라 집어넣는 것이다

이른 단계에 얼마나 일정을 확정해놓느냐가
여유를 만들어내는 비결

2주 전에는 다이어리를 80퍼센트 채워넣는다

강연을 다니다 보면 일상 혹은 업무 중 일정을 어떻게 짜야 하느냐는 질문을 종종 받는다. 내 다이어리를 보면 늘 일정이 빽빽한데 어째서인지 늘 여유 있어 보이는 것을 신기하게 여기는 사람이 많기 때문이다.

분명히 연수, 강연, 코칭 일정이 1년에 200회는 되고, 연수용 교재는 전부 직접 만들며, 소개를 받거나 인터넷으로 문의가 들어오면 일대일로 만나러 가고, 정기적인 고객 방문을 위해 대부분의 시간을 회사 밖에서 보낸다.

그뿐만이 아니다. 매달 연재하는 글이 세 건에, 책도 1년에 서너 권은 쓴다. 어떤 이메일이든 기본적으로 즉시 답신하고, 휴식을 겸해서 피트니스센터와 영어 회화 학원을 각각 주 2회씩 다닌다. 결혼한 지는 20년이 되었는데, 화려하지는 않지만 화목하게 살고 있다. 여행도 정기적으로 한다. 그러나 일에 쫓겨서 허둥대지는 않으며, 스트레스도 그다지 없다.

그 비결은 일정을 미리미리 확정해놓는 것이다. 다음 그림에서 내 일정표를 보여주겠다. 연수와 강연이 2회밖에 들어있지 않은 이른바 '미팅 주간'의 일정을 발췌한 것이다.

여기에서 주목할 점은 세 가지다. 이것을 알아놓으면 누구나 생산적인 일정을 짤 수 있다.

- 대부분의 일정을 2~4주 전까지 결정해놓는다.
- 일주일 전에는 자투리 시간을 채우고자 약속을 집어넣는다.
- 돌발적인 용무가 생기면 이동 시간과 자투리 시간에 처리한다.
  (처리할 수 있는 시간이 그때뿐이다.)

물론 비즈니스의 특성에 따라서도 좌우되지만, 기본은 일정을 일찌감치 채워 나가는 것이다. 여행이나 세미나 참가의 경우 3개월 전에는 일정을 알 수 있을 터이며, 미용실에 가거나 친구를 만나는 일정이라면 1개월 전에는 결정할 수 있을 것이다. 상담도 이쪽에서 요청하면 1개월 전에는 결정된다. 그리고 확정된 일정은 수시로 점검한다.

즉, 이른 단계에 일정의 모호함을 없애는 것이 기본이다. 여기에 루틴한 일정과 그렇지 않은 일정을 구분하여 체계적으로 관리하면 혼란이 덜해진다.

이를 습관으로 만들어 시간에 휘둘리지 않고 쾌적한 리듬으로 업무를 진행해 보자.

틈새 시간을 계속 채워나간다

1개월 이상 전부터 결정된 안건   2~4주 전부터 결정된 안건

14일 월	15일 화	16일 수	17일 목	18일 금
A씨와 미팅 (10~11)	E씨와 미팅 후보① (10~11)	E씨와 미팅 후보② (10~11)	강연 (9~11)	기획서 작성 (9~12)
연수 (13~16)	자료 작성 (13~15) / 면담 (15~16)	B씨와 미팅 (13~15) / 회의 (15~16)	자료 작성 (13~15)	E씨와 미팅 후보③ (13~14) / C씨와 미팅 (14~16)
	영어 회화 (17~18)	미용실 (17~18)		피트니스 센터 (17~18)

E씨와 만날 약속은 ①~③ 중에서 잡자

일찌감치 일정을 확정하면 시간에 휘둘리지 않게 된다

자투리 시간을
돌발적인 용무에 사용한다

　신입 사원이나 영업 사원처럼 상대의 사정에 맞춰야 하는 상황이라면 어떻게 해야 할까? 일정을 미리 확정하는 게 가능한지 의문도 생길 터인데, 그런 처지이기에 더더욱 일정에 신경 써야 한다. 가능한 한 미래를 예측하고 이쪽에서 주도적으로 일정을 잡으려 시도한다. 먼저 선제적으로 일정을 확정해놓는 것이다.

　그래도 돌발적으로 용무가 생길 경우는 자투리 시간에 대응하는 수밖에 없다.

　이렇게 생각하면 자투리 시간을 적당히 비워놓는 것도 중요한 작전이라고 말할 수 있다. 자투리 시간 자체가 일정 수립의 일환이 되는 것이다.

　준비를 잘하는 사람의 다이어리를 보면 일정이 빼곡하게 적혀 있다. 그들은 '일정은 들어오는 것이 아니라 내가 직접 만드는 것'이라고 생각하기에 한참 뒤의 일정까지 계속 채워나간다. 반면에 준비 능력이 부족한 사람의 다이어리에는 일정이 띄엄띄엄 적혀 있을 뿐이다. 자신이 무엇을 해야 할지 상세히 파악하고 있지 못해서 일정이 채워지지 않는 것이다. 그리고 결국에는 눈앞의 업무에 쫓기게 된다. 남들이 정해놓은 일정에 끌려다니다 정신없이 일과를 마무리하는 것이다.

결론은 이렇다.

일정을 세울 때의 원칙은 선수 필승이다. 여러분도 3개월 후의 일정까지 채울 기세로 미래를 예측해 보길 바란다. 틀림없이 시간에 휘둘리지 않게 될 것이다.

17

할 일 목록의 핵심은
소요 시간이다

무리 없는 작업량으로
시간 여유가 있는 계획을 세운다

작업의 40퍼센트가
미완료로 끝나는 이유

할 일 목록을 작성해도 목록에 적어넣은 작업 중 40퍼센트는 미완료인 채로 끝난다는 이야기가 있다. 사실 이것은 할 일 목록을 만드는 방법에 문제가 있기 때문인 경우가 많다. 제대로 완수하지도 못할 목록을 별다른 생각 없이 나열만 해놓는 것이다.

여기에서는 미완료 작업이 없도록 할 일 목록을 작성하는 비결을 소개하겠다.

① 작업을 분해한다

할 일 목록 리스트에 '영업 회의의 준비'라고만 적어넣어서는 지나치게 개략적이다. '회의실을 확보한다, 출결 상황을 확인한다, 일정을 보낸다.'와 같은 식으로 작업을 분해해 구체적인 실행 리스트를 만들자.

작게 나눠야 명확해지고 완료 작업의 개수가 늘어난다. 그리고 업무가 구체적이 될수록 실행하기에 훨씬 수월하다. 막막하지 않고 바로 행동에 들어가기 쉽기 때문이다. 하나씩 리스트 항목들을 지워가며 일을 완수하는 재미도 있다.

② 무리 없는 작업량을 설정한다

미완료로 끝나는 작업이 많은 사람의 할 일 목록을 보면 욕심내서 너무 많은 작업을 집어넣는 바람에 물리적으로 시간이 부족한 경우도 많다.

제 시간에 일을 수행하려면 그 기한 안에 끝낼 수 있는 양으로 억제하는 것이 절대 조건이다.

먼저, 작업별로 소요 시간을 기입해 보길 바란다. 또한 굳이 사소한 생활 루틴은 적지 않는다. 가령 '점심 식사'라든가 '경제신문을 산다.' 같은 것은 안 써도 된다. 반드시 해야 하는 작업만을 목록에 적어넣자. 그리고 매 항목에 소요 시간과 전체 시간에서의 비중도 반드시 체크한다.

③ 예기치 못한 사고에 대응할 수 있는 작업량으로 설정한다

작업이 미완료인 채로 끝나는 큰 원인 중 하나는 예기치 못한 사고의 발생이다. 회사 업무를 하다 보면 모든 면에서 돌발 상황이 일어난다.

이를 테면 갑작스러운 고객의 전화가 걸려오기도 하고, 악성 민원으로 의뢰 메일에 대응하는 데 생각 이상으로 시간이 걸릴 때가 있다. 혹은 예정된 일이 악천후로 일정이 밀리기도 한다.

그래서 작업을 너무 빽빽하게 채워넣지 말고 돌발 상황이 발생하더라도 대응할 수 있는 양으로 억제하는 것이 필요하다. 하루에 여덟 시간을 일한다면 한 시간 반 정도의 여유는 확보하는 편이 좋을 것이다.

이 ①~③의 흐름에 따라서 할 일 목록을 작성하면 미완료인 채로 끝나는 작업을 없앨 수 있다.

실현 가능성이 중요

☑ ① 작업을 분해한다

'××의 작업'
·작업1
·작업2
·작업3
·작업4
·작업5

☑ ② 작업별로 소요 시간을 설정한다

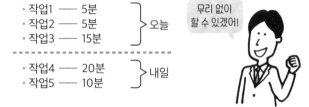

· 작업1 —— 5분
· 작업2 —— 5분   } 오늘
· 작업3 —— 15분

· 작업4 —— 20분   } 내일
· 작업5 —— 10분

무리 없이 할 수 있겠어!

☑ ③예비일, 예비 시간을 설정한다

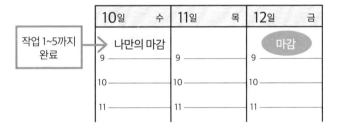

작업 1~5까지 완료

10일 수	11일 목	12일 금
나만의 마감		마감
9	9	9
10	10	10
11	11	11

일단은 미완료되는 일이 없도록 할 일 목록을 작성한다

18

오늘 할 일을 아침에
정해서는 너무 늦는다

업무 시작 시간과 동시에
일을 시작하지 않으면 시간이 너무 아깝다

전날까지는 할 일 목록을 작성해놓는 것이 철칙

출근하자마자 그날의 업무 목록을 설정하는 사람들이 있다. 그러나 출근하고 나서 바쁜 아침 시간에 할 일 목록을 작성하는 것은 시간 낭비다.

이는 단순하지만 오랜 나의 지론이다. 마라톤을 예로 들면, 출발을 알리는 총성이 울렸는데 달릴 준비를 하느라 꾸물대는 것과 같다고나 할까? 일단 출근을 했으면 업무 시작 시간과 동시에 달리기 시작해야 한다.

아래 세 가지 규칙을 평상시에 염두에 두면 오늘의 할 일 목록을 전날까지 작성해놓는 것이 어렵지 않을 것이다.

- 작성은 전날 퇴근 전까지(당일 아침에는 확인만 한다) 마친다.
- 길어도 5분 정도에 끝마친다.
- 바쁜 사람은 자투리 시간에 작성해놓는다.

물론 전날에 할 일 목록을 작성하는 것이 귀찮게 느껴질지도 모른다. 누구나 1분이라도 일찍 퇴근하고 싶기 마련이다. 그러니 자투리 시간을 활용하자. 책상 앞에 앉아서 작성하는 것이 아니라 퇴근길 혹은 그 밖의 이동 시간 같은 자투리 시간에 작성하는 것이다.

직접 메모지에 써도 되고, 매일 갖고 다니는 스마트폰이나 태블릿으로 작성해도 무방하다. 요즘은 메모 기능이 아주 잘 되어 있다. 많은 시간을 투자하지 말고 귀찮은 일은 자투리 시간을 사용해서 빠르게 끝내는 것이 정답이다.

그런데 다른 방식으로 접근해야 하는 때도 있다. 바로 장기적인 일정 짜기이다. 이후 이에 대해 자세히 설명할 텐데 이 경우는 5분이 아니라, 10~20분 정도의 긴 시간을 들여서 필요한 작업을 종이에 적어야 한다. 세부적인 할 일 목록을 작성하는데 도움이 되기 때문이다.

이렇듯 일정을 짤 때는 장기적인 일정은 곰곰이 생각하고, 단기적인 일정은 빠르게 생각한다. 할 일 목록을 작성할 때의 핵심 포인트라고 할 수 있다.

전날 퇴근 시간 전까지 할 일 목록을 작성하기가 어렵다면…

• 역에서 지하철을 기다리면서
• 신호를 기다리면서

• 지하철을 타고 이동 중에

• 엘리베이터를 기다리면서

MEMO

스마트폰이나 태블릿,
메모장을 사용한다

자투리 시간을 활용해 빠르게 작성한다

19

아주 전략적인
'뒤로 미루기' 기술

지금 하지 않아도 되는 일은 하지 않는다

모든 작업이
긴급한 안건으로 보인다면

갑작스러운 질문이지만, 여러분은 '트리아지(triage)'라는 말을 들어본 적이 있는가? 재해가 발생했을 때 응급 이송의 우선순위로 사용되는 용어이다.

가령 큰 재해가 발생했을 경우, 눈앞에 있는 사람부터 돕는 것이 아니라 긴급도가 높은 사람부터 이송한다. 그럼으로써 더 많은 생명을 구하는 것이 목적이다. 이것은 긴급도가 높은 사람을 판단하는 기준이 명확하기에 가능한 일이다.

이번에 할 이야기는 시간 관리에 관한 것이다. 전화 통화를 하고 이메일을 주고받으며 정신없이 일하다 문득 시계를 보면 생각만큼 성과를 올리지도 못했는데 하루가 끝나 버리는 경우가 종종 있다. 시간 관리의 노하우 중에 '긴급도'와 '중요도'를 기준으로 생각하라는 항목이 있는데, 문제는 그것이 말처럼 쉽지 않다는 것이다.

내가 자주 받는 질문 중에 "모든 일이 긴급한 안건으로 보입니다. 어떡해야 할까요?"라는 것이 있다. 이럴 경우, 긴급도를 판단하는 구체적인 기준이 필요하다. 그러면 내가 사용하는 기준을 소개하겠다.

- 뒤로 미뤄도 성과에 영향을 끼치지 않는 것은 뒤로 미룬다.
- 남은 것이 긴급한 안건이다.

'뭐야? 이게 전부라고?'라고 생각했을지도 모른다. 그러나 이것은 굉장히 실천적인 기준이다.

먼저, 앞으로 할 작업을 내다볼 수 있는 작업표를 준비한다. 그리고 뒤로 미뤄도 영향을 끼치지 않는 작업은 뒤로 미룬다. 이제 남은 것이 지금 해야 할 작업이다.

그 예가 다음 페이지의 그림이다. 그림에서 마감 기한은 '여유를 둔 나만의 마감 기한'이고, 소요 시간은 '여유를 둔 시간'이다.

아마도 이것을 보고 이렇게 생각했을 것이다.

"뒤로 미루라고 하지만, 그랬다가 상대를 기다리게 하면 어쩌지?"
"긴급도가 떨어지는 작업의 마감 기한을 맞추기가 쉽지 않은데?"

그래서 위와 같은 문제가 생기지 않도록 각 업무마다 납기를 명확히 해놓는다. "다다음주 월요일까지 보내드려도 괜찮

마감 기한별로 나눠 본다

특급(이번 주 안)	2주 이내	1개월 이내	그 이상

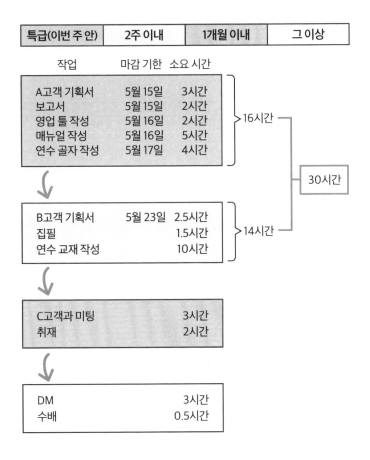

작업	마감 기한	소요 시간		
A고객 기획서	5월 15일	3시간		
보고서	5월 15일	2시간		
영업 툴 작성	5월 16일	2시간	16시간	
매뉴얼 작성	5월 16일	5시간		30시간
연수 골자 작성	5월 17일	4시간		
B고객 기획서	5월 23일	2.5시간		
집필		1.5시간	14시간	
연수 교재 작성		10시간		
C고객과 미팅		3시간		
취재		2시간		
DM		3시간		
수배		0.5시간		

다음 주 이후로 미룰 수 없는 나머지 작업이 긴급 안건이다

을까요?"라는 식으로 말이다. 이렇게 하면 상대도 기다리지 않는다.

이 법칙에 입각해서 생각하면 뒤로 미루는 편이 더 나은 것이 많음을 깨닫게 된다. 서류 작성이나 택배 발송 등 이번 주에 하지 않아도 괜찮은 작업은 의외로 많다. 또한 이렇게 긴급도를 설정하는 작업은 주기적으로 하는 게 좋다. 긴급도는 상황에 따라 매번 변화하기 때문이다.

오늘의 일을 최대한 줄인다는 발상

말이 나온 김에 한 가지만 더 이야기하겠다. 여유가 생기면 뒤로 미룬 작업을 자투리 시간에 조금씩 처리하길 바란다. 그러면 미래의 작업량도 경감된다.

내 경우는 오늘 할 일을 최대한 줄이고 싶다는 생각에서 시간을 옮길 수 있는 것은 적극적으로 뒤로 미룬다. 덕분에 이번 주에 하기로 정한 일은 확실히 끝마칠 수 있고, 그 결과 마음에도 여유가 생긴다.

떠안고 있는 작업이 어중간하게 많으면 자신도 모르게 신경

소요 시간을 결정했다면 하루의 일정을 짠다

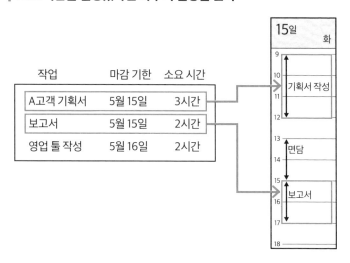

이 쓰이기 마련이다. 그렇게 쓸데없는 신경을 쓸 필요가 없도록 해야 할 일을 좁힌 다음 확실히 끝마치고 일찌감치 손을 털자. 그리고 다음 주 이후로 미뤘던 작업을 자투리 시간에 처리해 나간다. 그래서 하루에 한 시간 반 정도는 자투리 시간을 마련해둬야 하는 것이다.

그러고도 여유가 있을 때는 1개월 이내에 해야 할 작업도 가능한 범위에서 손을 댄다. 그러면 떠안고 있는 작업이 점점 줄어들어서 기분이 상쾌해질 것이다.

정리하겠다. 먼저 한참 뒤까지 내다볼 수 있는 작업표를 준비하고, 성과에 영향을 끼치지 않는 작업은 전략적으로 뒤로 미루자. 그렇게 하면 누구에게도 피해를 주지 않으면서 시간 안에 뚜렷한 성과를 낼 수 있게 된다.

20

그 이메일, 그 자료,
정말로 필요한 것일까

중요도를 구분하는 기준은
그 일이 가치를 낳는가, 낳지 못하는가

주작업, 부수 작업, 낭비 작업으로 분류한다

"무엇을 버리느냐가 중요하다."라는 말을 종종 듣는다. 다만 그런 말은 이해가 될 것 같으면서도 안 되는, 어딘가 깨달음을 얻은 자의 난해한 명언처럼 들린다. 그러니 현실에 적용하기가 어려울 수밖에 없다.

그러나 내가 지금까지 말해온 '성과에 영향을 미치지 않는 일을 하지 말아야 한다'를 생각하면 이해하기 쉽다. 한마디로 무가치한 작업에 열중하지 않으면 되는 것이다.

이를 바탕으로 지금부터 중요도의 관점에서 우선순위를 판단하는 방법, 낭비를 찾아내는 방법 등에 관해 자세히 설명하겠다.

먼저 결론부터 말하겠다.

작업을 주작업, 부수 작업, 낭비 작업의 세 가지로 나눈다.

작업에는 세 종류가 있다. 다음 페이지의 그림을 보라. 이는 도요타의 관리 수법으로서 유명해진 분류법인데, 지금은 수많은 제조 현장에서 이 분류법을 철저히 실천하고 있다. 또한 사

▎작업을 세 종류로 분류해 본다

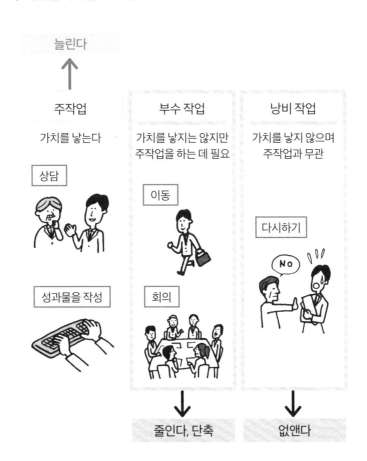

늘린다

↑

주작업

가치를 낳는다

상담

성과물을 작성

부수 작업

가치를 낳지는 않지만
주작업을 하는 데 필요

이동

회의

낭비 작업

가치를 낳지 않으며
주작업과 무관

다시하기

NO

줄인다, 단축

없앤다

야근하지 않고도 성과를 내기 위한 열쇠는 하루의 작업에서
주작업의 비율을 높이는 것

무직은 물론이고 온갖 직종에 적용이 가능하다.

'주작업'은 가치를 낳는 일이다. 매출과 직접적으로 연관이 되고 작업을 완수하는데 필수로 완료해야 하는 것이다. 어떤 작업인지는 분야마다 다를 것이다.

'부수 작업'이란 가치를 낳지는 않지만 주작업을 하는 데 반드시 완수해야 하는 일이다. 이러한 일들은 매출과 업무와 직접적으로 연관이 되어 있지는 않지만 반드시 짚고 넘어가야 한다.

'낭비 작업'이란 가치를 낳지 않으며 주작업과 무관한 일이다. 의외로 사무직에서는 이런 일들이 많다. 프레젠테이션 파일 디자인하기, 회의 다과 준비 같은 일들이다.

이런 작업들을 세심하게 분류하고, 이후에는 주작업을 늘리고 부수 작업을 줄이며 낭비 작업을 없앨 방법을 궁리한다.

업무를 진행할 때 지금 하고 있는 일이 어떤 작업인지 생각하면서 하나하나 해나가면 낭비에 대한 시력(판단력)이 향상된다. 계속할수록 시간이 단축될 것이다.

먼저 저번 주에 했던 일주일 분의 작업을 되돌아보길 바란다. 분류해 보면 의외로 낭비 작업이 많음을 깨닫게 된다.

21

소요 시간을 설정할 때는 비관주의자가 돼라

무작정 일해서는
평생 업무 속도가 빨라지지 않는다

'30분 안에 끝내자.'라고
결정하고 시작한다

소요 시간을 결정하지 않고 일하면 자신도 모르게 설렁설렁하다가 시간이 부족하게 된다. 그 결과 다른 사람들은 이미 일을 끝냈는데 혼자서 못 끝내거나 문득 시계를 보고 '어? 벌써 저녁이야?'라며 화들짝 놀라는 상황이 벌어지기도 한다. 그리고 이런 습관이 '업무 속도가 느린 사람'이라는 꼬리표가 붙는 하나의 원인이 된다.

개중에는 어떻게 소요 시간을 정해야 할지 모르겠다는 사람도 있는데, 어렵게 생각할 필요는 없다.

STEP 1 초기 설정은 정확하지 않아도 된다. 단, 비관적으로 생각한다.

STEP 2 2회째 이후에는 항상 이전 시간보다 빨리 완성할 것을 결심한다.

또한 소요 시간은 처음부터 정해져 있는 것이 아니며, 사람에 따라 차이가 있다. 수차례 경험을 거듭하는 가운데 파악해 나갈 수 있다.

먼저 초기 설정부터 설명하겠다. 머릿속에서 작업의 소요 시간을 상상하고, 일찍 끝냄, 보통, 오래 걸림 중에서 오래 걸림을 선택한다. 특별한 근거는 필요 없으며, 그 정도 걸릴 것 같다는 상상으로 충분하다. 그리고 그 시간을 출발점으로 삼는다.

실제로 작업을 해 보면 생각과는 다를 때도 있을 것이다. 더 일찍 끝날 수도 있고, 더 오래 걸릴지도 모른다. 다만 그것이 현재의 소요 시간이다.

그다음은 일을 이전보다 조금 더 빨리 완성하는 것이다. 앞에서 현재라고 말한 이유는 끊임없이 경신을 노리기 때문이다.

5분씩 단축을 목표로 삼는다

다음 페이지의 그림을 보길 바란다. 처음에는 30분으로 예상했던 일을 15분 안에 끝낼 수 있게 된다는 내용이다. 이렇게 소요 시간을 개선할 수 있는 것은 다음의 두 가지 힘이 작용하기 때문이다.

처음에는 비관적으로 소요 시간을 설정한다

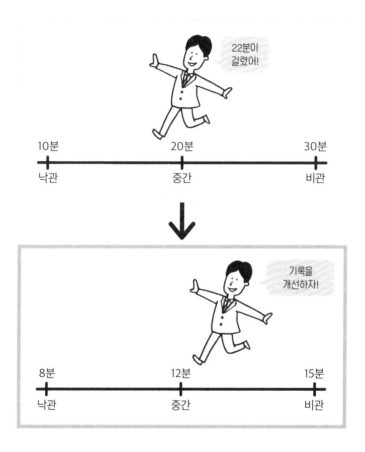

이 방법을 실천하면서 이전의 소요 시간을 경신해
시간 단축을 노린다

- **학습 효과**: 경험을 쌓음으로써 더욱 효율적으로 된다.
- **개선력**: 무작정 일하는 것이 아니라 '어떻게 해야 더 빨리할 수 있을까.'를 궁리하면 더욱 빨라진다.

그리고 이 힘을 더욱 효과적으로 얻기 위해서는 다음의 노력이 필요하다.

- 성공 요인과 실패 요인을 생각한다. (결과만 보고 일희일비하지 않는다.)
- 성공 요인에 관심을 쏟는다. (자사는 물론 타사의 성공 사례도 살펴본다.)

이와 같이 일하는 속도가 빠른 사람이 실천하고 있는 방법을 참고하거나 비즈니스 잡지에서 소개하는 야근을 줄이기 위한 아이디어 등을 실천해 보면 업무 처리 속도는 더욱 향상된다. 그리고 오판으로 인해 두 번 일하는 것을 줄여야 함은 물론이다.

이제 결론이다.

소요 시간을 결정할 때, 정확할 필요는 없다. 비관적으로 소요 시간을 생각하고, 늘 이전 시간보다 개선하는 것을 목표로 삼는 것이 정답이다.

혹시 업무 속도의 극적인 개선을 원하는 사람이 있을 수도 있다. 이들은 두 가지를 추가로 더 노력해야 한다. 첫째는 결과뿐만 아니라 요인을 생각하는 것이다.

- 나는 다른 사람들과 비교했을 때 일하는 속도가 느려. 왜 느릴까?
- 다른 사람들은 어떻게 하고 있을까?
- 어떻게 해야 나도 일하는 속도가 빨라질까?

둘째는 다른 성공 사례에도 주목하는 것이다.

- 일하는 속도가 빠른 사람이 실천하는 방법을 흉내 내볼까?

위의 노력을 반복하는 사이에 여러분의 최적의 소요 시간이 결정될 것이다. 그때까지 인내하면 놀라운 업무 속도의 차이를 경험할 수 있을 것이다.

22

PDCA에서 가장 중요한 것은 'C=반성'이다

'또 계획대로 진행되지 않았네.'를
방지하는 가장 좋은 방법

무작정 실행하면
같은 실수를 반복한다

기껏 할 일 목록을 작성했는데 계획대로 진행되지 않을 때가 있다. 그런데 이때 '왜 그렇게 되었을까?'를 생각하지 않으면 이후에도 같은 일이 반복되고 만다. 이를 방지하기 위해서는 어떻게 해야 할까?

어떤 분야든 마찬가지이지만, 금방 능숙해지는 사람과 좀처럼 능숙해지지 않는 사람의 차이는 반성을 하느냐 하지 않느냐이다. 그러니 좀처럼 능숙해지지 않는다고 해서 비관적으로 생각할 필요는 없으며, 할 일 목록 같은 걸 작성한들 의미가 없다면서 작성을 그만둬서도 안 된다. 중요한 것은 오직 한 가지, 같은 실수를 저지르지 않도록 하는 것이다. 이것으로 충분하다.

그렇다면 계획대로 일이 진행되지 않았을 때 같은 실수를 저지르지 않기 위해 반드시 거쳐야 할 과정은 무엇일까? 아래 순서를 살펴보자.

STEP 1 오늘 일정을 수정한다. (안일하게 야근으로 대처하려 하지 않는다.)
STEP 2 계획대로 되지 않은 원인을 확인한다.

STEP 3 같은 실수를 저지르지 않도록 재발 방지책을 마련한다.

그러면 STEP 1~3에 관해 예시를 들면서 설명하겠다. 먼저 STEP 1 '오늘 일정을 수정한다.'부터 살펴보자. 퇴근을 미룬다는 발상은 구시대적이다. 자주 야근을 하게 되면 왠지 안 좋은 이미지가 만들어지기 십상이다. 지금 시대에는 시간 안에 끝냄으로써 대처하는 것이 정답이다. 구체적으로는 다음의 흐름으로 생각한다.

① 이후 일정의 소요 시간을 줄일 방법을 궁리한다.
② 그래도 시간이 모자랄 경우, 내일 이후로 미룰 수 있는 작업은 미룬다.
③ 그래도 시간이 모자랄 경우, 누군가에게 부탁할 수 있는 작업은 부탁한다.

이 정도로 소요 시간을 세분화하고 대책을 마련했는데도 퇴근 시간 안에 끝내기 어려운 업무가 있을 수 있다. 이런 경우는 어쩔 수 없이 야근을 해야 한다. 그러나 이는 어디까지나 최후의 수단임을 명심하라. 절대 습관처럼 반복해서는 안 된다.

계획대로 되지 않은
이유는 무엇인가

경영이론 중에 PDCA라는 것이 있다. 이는 Plan(계획) – Do(실행) – Check(평가) – Act(개선)의 4단계를 반복하며 업무를 지속적으로 개선한다는 의미의 줄임말이다. 이를 바탕으로 STEP 2 '계획대로 되지 않은 원인을 확인한다.'를 살펴보자.

같은 실수를 반복하지 않기 위해서는 PDCA 이론에 입각하면 Check(평가) 과정이 가장 중요하다. 준비를 잘하는 사람역시 어떤 일이 계획대로 되지 않은 원인을 파악하기 위해 이과정에 많은 시간을 투자한다.

아래의 세 가지 관점을 따라가다 보면 계획대로 일이 진행되지 않은 원인을 분명하게 찾을 수 있을 것이다.

① 예상치 못한 사고(불의의 사고나 실수가 발생했는가?)
② 어림셈의 오류(시간적으로 여유 있게 계획을 세웠는가?)
③ 집중력의 결여(설렁설렁 작업하지는 않았는가?)

마지막 STEP 3는 '같은 실수를 저지르지 않도록 재발 방지책을 마련한다.'이다. 가령 '①예상치 못한 사고'가 원인이라면 두 가지 방향으로 재발 방지책을 생각할 수 있다. 첫째는 예상치 못한 사고가 일어나지 않게 하는 것이고, 둘째는 예상치 못한 사고의 발생에 대비해 여유를 확보하는 것이다.

그러면 여러분에게 퀴즈를 하나 내겠다. 예상치 못한 사고가 원인일 경우 재발 방지책으로서 위의 두 가지 방향 중 가장 올바른 것은 무엇일까? 답은 '예상치 못한 사고의 발생에 대비해 여유를 확보한다.'이다. 이 사례에서 마련할 수 있는 가장 일반적인 대응은 일의 사안에 따라 30분, 혹은 하루 정도의 여유 시간을 더 확보해놓는 것일 것이다.

일을 해결할 수 있는 여유 시간이 있다면 심리적 안정은 물론, 시간에 따른 선택지가 늘어난다. 물론 계획대로 되지 않을 때도 있지만, 설령 진척이 더디더라도 버퍼가 있으면 어떻게든 되는 법이다.

그래서 중요한 일일수록 마감 기한을 이르게 설정함으로써 버퍼를 확보할 것을 권한다.

'② 어림셈의 오류', '③ 집중력의 결여'의 대책에 관해서도 설명하고 넘어가겠다. '어림셈의 오류'는 다음 업무를 진행할 때 오차 범위를 소요 시간에 반영함으로써 대응하고, '집중력

| 계획을 빠르게 수정한다

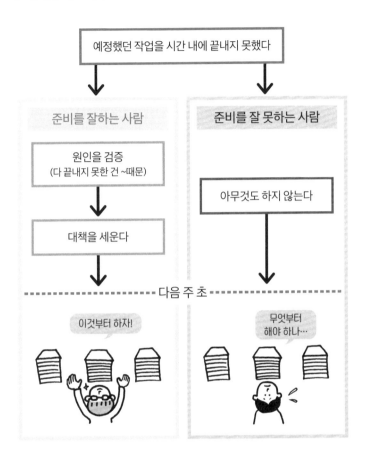

지난주를 되돌아보면 다음 주에는 좋은 출발을 할 수 있다!

의 결여'는 잡음을 차단(이메일 확인, 잡담을 하지 않는다)하거나 한 시간 간격으로 휴식을 함으로써 대응한다.

마지막으로, 일이 계획대로 진행되지 않을 때는 무작정 일하지 말고 검증하는 것이 중요하다. 일주일을 되돌아보고 왜 그렇게 되었는지를 다음 주에 업무를 시작하는 아침까지 검증해 보길 바란다. 그리고 이번 주에는 어느 정도의 분량을 특정 요일까지 끝낼지 결정해놓으면 좋을 것이다.

예상 소요 시간이 헷갈린다면 그 일을 먼저 해본 선임자에게 한 번 물어보는 것도 좋다.

23

미친 듯이 바쁜 시기를
똑똑하게 넘기는 법

해야 하는 업무의 작업을
잘게 분해하고 전체를 부감한다

작업 하나하나를
자세히 살펴본다

"어떻게 해야 복수의 작업을 원활하게 진행할 수 있을까요?"라고 물어보는 사람이 많다. 일을 처음 진행하는 사람에게는 무엇부터 시작해야 할지 헷갈리기만 하다.

그러나 사실 단순하다. 맡고 있는 복수의 업무를 처리할 방법을 막연히 생각하기 전에, 먼저 업무 하나하나를 자세히 살펴보면 된다.

나는 다음과 같은 흐름으로 작업을 관리한다. 매뉴얼 작성 업무를 맡았다면 이런 식이다.

STEP 1 고객과 교섭해 '납기'를 설정한다.
STEP 2 납기를 합의했다면 다이어리에 '마감일'을 기입한다.
STEP 3 동시에 고객에게 매뉴얼을 제출할 '나만의 마감일'을 기입한다.
STEP 4 작업을 조사해 필요한 작업을 확인한다.
STEP 5 다이어리의 일정을 보면서 향후 1개월 동안의 작업을 관리한다.

이전에서도 말했지만 일정을 세울 때는 작업을 분해하고, 각 작업의 소요 시간을 설정한 뒤 여유 있게 진행할 수 있도록 짠다. 먼저 마감일을 설정한 뒤 STEP 4에서 확인한 필요 작업은 다음과 같았다.

- 고객을 취재하기.
- 매뉴얼의 방향성을 고객에게 확인하기.
- 문제가 없으면 작성 개시하기.
- 전체의 30퍼센트 정도가 완성되었다면 중간 확인하기.
- 문제가 없다면 완성을 향해 작업하기.

여러분은 혹시 내가 앞서 언급한 필요 작업을 적을 때 주의할 점이 무엇이었는지 기억하는가? 그렇다. 작업을 막연하게 '매뉴얼 작성'과 같은 식으로 적어서는 안 된다는 것이었다. 작업을 잘게 나눠서 하나하나 눈에 보이는 형태로 만들어야 언제까지 무엇을 얼마나 달성해야 하는지 인식할 수 있다.

다음은 STEP 5의 작업 관리다. 작업마다 소요 시간을 결정하고 작업표에 적어넣는다. 작업표에 적어넣는 날짜는 실제 납기보다 이르게 설정한 '나만의 마감일'이다. 이것도 앞에서 이야기한 바 있다.

나만의 마감일에 맞추지 못할 때는 계획을 재구성한다. 마감일은 절대적이다. 만약 어떤 사고가 발생해 작업 기간이 짧

아졌을 경우는 마감일을 늦추는 것이 아니라 작업의 총량을 줄여서 마감일에 맞출 방법(없앤다, 합친다, 순서를 바꾼다, 좀 더 단순화한다 등)을 궁리한다.

그리고 한 가지 작업만 진행할 예정이었던 부분을 두 가지 작업을 동시 진행하는 식으로 계획을 재구성해 대처한다.

간트 차트로 조정한다

핵심은 지금부터다. 일정을 짤 때는 다른 일정과의 균형도 살펴야 한다. 최대한 바쁜 시기에 작업이 겹치지 않도록 일정을 짜면 좋을 것이다.

복수의 업무를 동시에 처리할 때 추천하는 방법은 간트 차트로 진행 상황을 관리하는 것이다. 간트 차트는 작업과 납기를 명확히 하는 차트로, 프로젝트나 작업이 어떤 시기에 얼마나 겹쳐 있는지 알 수 있게 하는 잣대가 되어 준다.

간트 차트의 날짜에 작업 기간을 화살표 선으로 표시하면 각각의 작업이 얼마나 진행되고 있는지 한눈에 알 수 있다. 바쁜 시기나 여유 있는 시기가 일목요연해지므로 바쁜 시기에

복수의 작업 진행 상황은 간트 차트로 파악한다

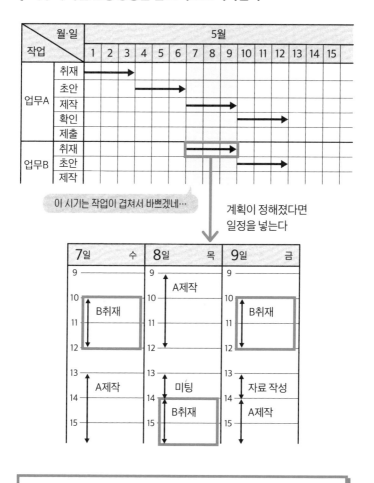

이 시기는 작업이 겹쳐서 바쁘겠네…

계획이 정해졌다면 일정을 넣는다

바쁜 시기를 한눈에 알 수 있다

작업이 겹치지 않게 하는 데 큰 도움이 된다.

익숙해지기 전까지는 손으로 그려도 상관없으니 대략적으로 정리해도 된다. 그렇게 하면 누락이나 중복 없이 효율적으로 업무를 완료할 수 있게 된다.

마지막으로, 눈앞의 작업에 쫓기지 않기 위한 질문을 소개하겠다. 아래와 같은 질문을 매번 스스로에게 하는 습관을 들여라.

- 지금 몇 가지 작업을 하고 있지?
- 이번 주에 꼭 해야 하는 작업은 몇 개일까?
- 그중에서 오늘 해야 하는 작업은 무엇일까?
- 그 작업의 소요 시간은 정해놓았나?
- 누구에게 이 작업을 보고해야 하지?

이 질문들은 당신을 조금 더 유능하게 만들어줄 것이다.

24

다이어리는 그 무게를 감수하며 들고 다닐 가치가 있다

디지털에는 없는 종이의 편리성

실제 무게는
작은 페트병 정도밖에 안 된다

 최신형 태블릿의 가벼움에 깜짝 놀란 적은 없는가? 노트북 컴퓨터와 비교하면 감동적일 만큼 가볍다. 그때그때 쓰거나 확인하기도 참 쉽다. 다른 기기들과 연동도 되고 말이다.

 그러면 질문이다. 이 가볍다는 태블릿과 흔히 무겁다는 인식이 있는 '조금 큰 다이어리(A5 사이즈)' 중 어느 쪽이 더 가벼울까?

 갑자기 이상한 질문을 다 한다고 생각했을 것이다. 그런데 잘 생각해 보면 다이어리가 압도적으로 가볍다. 가령 A5 사이즈 능률 수첩 다이어리는 무게가 240그램(링 다이어리, 위클리)인 데 비해 태블릿의 무게는 450~700그램 정도다. 다이어리의 무게는 태블릿의 절반 수준인 것이다.

 그래서 "다이어리는 들고 다니기에 좀 무겁지 않나요?"라는 질문을 받으면 나는 "작은 페트병과 같은 무게이고, 태블릿의 절반밖에 안 됩니다."라고 대답한다. 이것을 무겁다고 느끼느냐 가볍다고 느끼느냐는 어디까지나 주관이므로 단정 짓기 어렵다.

 그러나 '작은 페트병도 무거워서 안 들고 다니는데.'라든가

152

'이 최신 태블릿, 가볍다고 하는데 들고 다니기는 좀 무겁네.'라고 생각하는 사람이 아닌 이상 다이어리의 무게는 문제가되지 않을 것이다.

그래서인지 나는 태블릿보다 다이어리를 더 선호하는 편이다. 어디를 가든 내 곁에는 작은 다이어리가 함께 있다.

무엇이든 적어넣은 다음 마음 놓고 잊어버릴 수 있다

그런데 나는 왜 이렇게까지 다이어리에 집착하는 것일까? 그 이유는 다이어리에 적어넣는 행위를 통해서 얻을 수 있는 효과가 매우 크기 때문이다.

첫 번째 효과는, 다이어리에 적어놓으면 잊어버리지 않게 된다는 것이다. 자신의 기억력을 과신해서는 안 된다. 인간은 어제 미팅에서 이야기를 나눈 내용도 25퍼센트밖에 기억하지 못한다고 한다. 그러나 다이어리에 쓰면 100퍼센트 기억하는 상태가 된다.

가령 5월에 했던 미팅에서 "6월이 되면 세미나 참가 인원수를 알 수 있겠지."라는 이야기가 나왔다면 다이어리의 6월 여백에 "세미나 참가 인원수 확인?" 같은 메모를 한다. 그러면 잊어버리는 사태를 방지하는 경고문이 되어 준다.

두 번째 효과는 머릿속이 개운해진다는 것이다. 글씨를 쓰면 스트레스가 경감되는 것 같은 느낌이 든다. 글씨를 씀으로써 머릿속을 정리하는 효과는 결코 무시할 수 없다.

세 번째 효과는 빼곡이 쌓인 내 흔적들을 보면 뿌듯함이 밀려온다는 것이다. 왠지 열심히 일한 것 같은 느낌이 들어 그동안 써온 다이어리들도 차곡차곡 보관하고 있다.

나도 써 보고 깨달았다. 아날로그 다이어리의 편리성은 역시 몇 주 분량의 일정을 한순간에 파악할 수 있고, 게다가 순식간에 감각적으로, 때로는 그림을 곁들이면서 내용을 적어넣을 수 있다는 것이다.

정리해 보자. 사실 아날로그냐 디지털이냐는 그리 중요하지 않다. 어느 쪽을 선택하든 딱히 상관은 없다. 다른 멤버와 일정을 공유할 필요가 있는 사람이라면 디지털이 더 편리할 것이고, 공유할 필요가 없다면 작업은 아날로그가 더 빠를 것이다. 이때 중요한 것은 자기에게 맞는 다이어리를 정해서 꾸준히 일정 관리를 해나가면 된다.

여백은 절호의 메모 공간

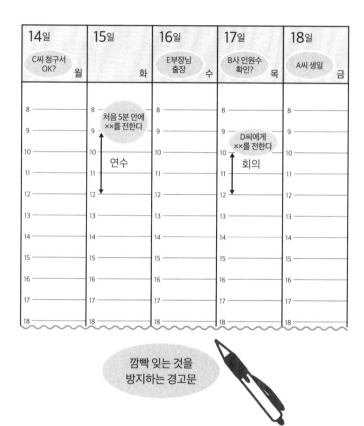

깜빡 잊는 것을
방지하는 경고문

기억해 두고 싶은 사항, 그 자리에서 결정되지 않은 사항은
다이어리의 여백을 활용한다

제4장

여유 있게 일하는 사람의 비결 2
'1분 습관'

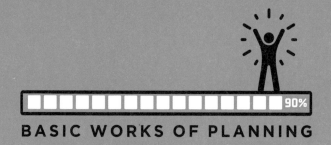

BASIC WORKS OF PLANNING

25

—

'1분 동안 무엇을 할 수 있을까?'를 생각하는 습관

부자가 1천 원을 소중히 여기듯이,
1분을 소중히 여겨야 시간을 아낄 수 있다

지하철, 버스, 열차에서 할 수 있는 것들

　나는 출장 및 연수를 다닐 때 고속열차를 많이 이용한다. 상황에 따라서 보통석을 탈 때도 있고, 일등석을 탈 때도 있는데 그러면서 한 가지 깨달은 사실이 있다. 바로 보통석과 일등석의 승객이 시간을 보내는 방식이 달랐던 것이다. 미리 말해두건대, 이는 일등석을 이용하는 사람이 더 대단하다는 뜻이 아니며 딱히 멋지다는 뜻도 아니다.

　요점은, 좌석에 따라 사람들이 시간을 활용하는 방식이 뚜렷하게 달랐다는 것이다. 일등석에는 흔히 보통석에서 볼 수 있는 여유롭게 맥주마시는 사람, 스마트폰으로 게임을 하는 사람 등이 적다. 대부분 노트북 컴퓨터로 무언가를 하고 있거나, 책을 읽고 있거나, 회사 자료를 들여다보고 있다. 그들에게 이동 시간은 회사 책상 앞에서 할 수 없는 일을 하기 위한 시간인 듯하다.

　더 자세히 예를 들어 보자. 시간 활용을 잘하는 사람이 지하철을 타고 이동 중이고, 그가 하차하기까지 2분이 남아 있다. 그는 차창 밖을 멍하니 바라보는 것 대신 2분 동안 무엇을 할 수 있을지 생각한다.

┃ 1분도 낭비하지 않는 사람의 '틈새 시간' 활용법

· 기다리는 시간
이메일 답신
전화
온라인 예약

· 지하철이나 버스로 이동 중
정보 수집
일정 관리
문서 작성

· 걸으면서
음성으로 공부
오디오북 독서

· 거래처의 현관에서
조직도를 파악
내선을 확인
성공한 상태를 상상

· 목욕을 하면서
미래의 비전을 정리

**1분밖에 안 되는 짧은 시간이라도
할 수 있는 일은 얼마든지 있다**

여러 가지가 있을 수 있는데, 그는 아래와 같은 질문을 하면서 차내를 관찰하기로 결정했다.

- 차내 주간지 광고에서 어떤 시류를 파악할 수는 없을까?
- 이 주간지에는 광고가 없네, 어째서일까?
- 스마트폰을 만지작거리는 승객의 비율을 살펴보자. 60퍼센트 정도군. 무엇을 하고 있을까?
- 책 읽는 사람은 전부 슈트 입은 직장인이네. 왜지?

이런 질문들을 던지다 보면 수많은 창의적인 생각이 떠오를 것이고 2분이라는 짧은 시간이 의미 있는 시간으로 탈바꿈할 수 있다.

소중하지 않은 시간은 없다

이렇게 자투리 시간을 효과적으로 활용하는 습관이 쌓이면 시간이 흐를수록 큰 차이로 돌아온다. 시간은 '있는' 것이 아니라 '확보하는' 것이기 때문이다.

또한 지하철이나 버스 등을 타고 이동하는 시간은 머릿속을 정리하기 좋은 절호의 타이밍이니 이 시간을 놓치지 말자. 뇌가 이완된 상태이므로 잡념의 방해를 받지 않고 차분하게 머릿속을 정리할 수 있다. 개운해진 머리로 업무를 하다보면 효율이 높아져 결과적으로 야근이 줄어들기도 한다.

부디 1분 1초도 허투루 보내지 않고 소중히 여겨 시간들을 활용해 보길 바란다.

26

무엇이 비효율적인지는
그만둬 보면 안다

성역을 무너트리고 싶을 때는
작게 해 보는 것이 정답

매일 아침의 회의를
주 2회로 줄일 수 없을까

사람들은 흔히 비효율적인 작업은 하지 말라고 하는데, 이렇게 생각해 본 적은 없는가? '뭐가 비효율적인 작업인지 알면 왜 이 고생을 하겠어?'라고 말이다.

그 마음은 충분히 이해한다. 하지만 분명 비효율적인 작업은 곳곳에 존재한다. 내가 경험했던 사례를 바탕으로 이에 관해 말해 보겠다.

나는 본래 영업 사원이었다. 항상 목표를 달성해야 한다는 압박을 받으면서 하루에 20~30건씩 고객을 방문했기 때문에 방문 수를 줄이는 것은 '목표 달성 실패'를 의미한다고 생각했다. 여기에 밤늦게까지 작업했던 기획서 덕분에 대형 계약을 따낸 적도 있어서, '무의미한 것은 하나도 없다.'라는 것이 당시 나의 생각이었다.

그러나 이듬해에 목표가 2배로 상승하면서 비로소 깨달았다. 이제는 '우선순위'를 정해야 한다는 것을.

2년 후에는 목표가 4배로 상승했다. 전과 같은 방식으로 일한다면 하루에 40시간은 일해야 한다. 당연히 몸이 버텨내지 못하므로 어쩔 수 없이 하는 일을 대담하게 줄였다. 그러자 시간 내에 성과를 낼 수 있게 되었다.

이때 나는 다시 한 번 느꼈다. '무의미한 것은 하나도 없다.'고. 다만 그것은 '무의미한 경험은 없다.'는 의미이며, 무의미한 작업은 무의미할 뿐이었다.

어떤 일이든 마찬가지이다. 그래서 업무적으로, 일상적으로 불필요한 낭비를 찾아내는 일이 무엇보다 중요하다. 이제부터 무엇이 낭비인지 감별할 수 있는 가장 실천적인 방법 세 단계를 제시하겠다. 천천히 따라 오라.

STEP 1 일단은 열심히 해 본다. (해 보지 않으면 낭비인지 어떤지 알 수 없다.)

STEP 2 해 보고 성과에 영향을 끼치지 않는 작업을 찾아본다.

STEP 3 과감하게 그만둬 본다. (그만둬 보지 않으면 낭비인지 어떤지 알수 없다.)

STEP 1을 먼저 설명하겠다. 만약 당신이 업무 초심자라면 섣불리 자신이 하려는 일이 낭비인지 아닌지 판단하면 안 된다. 신입 사원 중에는 업무에 대해 완전히 파악하지 못했는데도 중요한 일을 필요 없는 일이라고 여기면서 안 하는 경우가 있다. 그러다 보면 심각한 업무 공백이 생기기도 한다.

자신이 어떤 업무의 초심자라면 판단하기 전에 전임자에게

출근해서 퇴근하기까지의 작업을 세 가지로 분류해 보면…

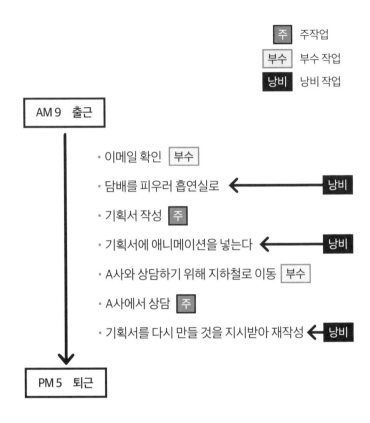

주 주작업
부수 부수 작업
낭비 낭비 작업

AM 9 출근

· 이메일 확인 부수
· 담배를 피우러 흡연실로 ← 낭비
· 기획서 작성 주
· 기획서에 애니메이션을 넣는다 ← 낭비
· A사와 상담하기 위해 지하철로 이동 부수
· A사에서 상담 주
· 기획서를 다시 만들 것을 지시받아 재작성 ← 낭비

PM 5 퇴근

30~40퍼센트가 낭비 작업일 경우도 적지 않다

묻거나 일단은 열심히 해 보는 태도가 중요하다.

그렇지 않으면 이른 바 업무를 빨리 해치울 뿐인 사람으로 여겨져 앞으로의 회사 생활이 녹록치 않을 수 있다.

업무를 준비하고 진행하는 목적은 빠르게 끝마치는 것이 아니라 효과적으로 성과를 내는 것이다. '낭비일지도 몰라.'라는 가설을 세우는 것은 물론 중요하지만, 일단 해 보지 않으면 성과가 날지 어떨지 알 수 없다.

무의식적인 습관을 경계하라

낭비를 찾는 방법 중 하나로 '린 스타트업(Lean Startup)'이라는 것이 있다. 이는 신규 사업을 시작할 때 사용되는 방법으로, 구체적으로는 아이디어가 떠올랐다면 이론이나 불안감은 옆으로 치워놓고 작게 실험해 그 결과를 검증한 다음 '어떻게 할까?'를 결정한다.

나는 이 방법을 일상적으로 사용하였는데 아래와 같은 개선의 결과를 얻었다.

- 사무실로 출근(➡ **개선책**: 사무실에 들르지 않고 곧바로 고객을 방문했다가 퇴근하기를 실천한다.)
- 아침 회의(➡ **개선책**: 매일에서 주 2회로 변경한다.)
- 회의실로 들어가 미팅(➡ **개선책**: 그 자리에 서서 이야기를 나누거나 전화로 끝마친다.)
- 두꺼운 기획서 작성(➡ **개선책**: 많아도 4~5페이지까지만 작성한다.)

이런 과정을 거쳐 내가 고치고 싶었던 부분을 목록화하고 개선점을 명확히해서 변화를 이끌어냈다.

이 모든 것을 해 보고 알게 된 점은, 무의식적으로 하는 습관 속에 낭비가 많이 숨어 있다는 사실이었다. 부담 없이 린 스타트업으로 작게 시작해 보면 그것만으로도 대담한 판단을 할 수 있게 된다. 일단은 시간을 낭비하는 것이 두렵더라도 한 번 해 봐야 무엇이 옳은지 결정할 수 있다.

다만 낭비인지 아닌지 판단하는 기간만큼은 정해놓도록 하자. 기간은 상황에 따라 유동적이지만, 성과의 조짐이 보이는 타이밍이어야 한다는 조건이 있다. 그 기간 중에서 최단 시간을 설정해 보길 바란다.

여기에서는 기간을 일주일로 결정했다고 가정하자. 먼저 상사에게 이유를 설명하고 허락을 받으면, 그 기간에는 야근을 해도 좋다. (말하자면 투자다.)

만약 여러분이 신입 사원이 아니라 충분한 경험을 갖췄다면 그런 실험을 하지 않더라도 '지금까지 해 온 모든 노력이 실험이었다.'라고 발상을 전환한 뒤 즉시 STEP 2로 넘어가길 바란다.

우선순위 점수를 매겨라

STEP 2는 성과에 영향을 주지 않는 작업을 파악하는 단계다.

실험 기간에 해 본 작업들을 종이에 적는다. 그리고 그 작업들에 대해 자기 나름대로 점수를 매겨 보면 좋을 것이다.

관점은 '그 작업을 안 하면 성과가 얼마나 하락할 것인가?'이다. 성과는 지금 당장의 성과여도 좋지만, 장기적인 관점에서도 필요한 업무라면 1년 후의 성과에 끼칠 영향을 생각해봐도 무방하다.

그런데 주의할 점이 한 가지 있다. 점수를 매기는 기준이다. '안 하면 불안해.'라는 기준은 옆으로 치워놓는다. 이를 생각하기 시작하면 그만둘 수가 없게 된다. 어디까지나 여러분의 성과에 끼치는 영향력을 기준으로 결정한다.

이전에 언급한 나의 과거 사례를 예로 들면, 목표가 4배가 되자 필수적으로 우선순위를 생각해야 했다.

- 1년에 10만 엔(100만 원) 규모의 계약을 따낼 수 있는 고객.
- 2년에 1만 엔(10만 원) 규모의 계약을 따낼 수 있는 고객.

어느 쪽을 포기할지 선택해야 할 것이다. 그렇다. '2년에 1만 엔 규모의 고객'에 대한 우선순위는 낮아진다. 그렇다면 직접 방문은 하지 않고 전화 영업으로 전환하게 된다. 이것이 STEP 3, 즉 '과감하게 그만둬 보는' 단계다.

조금 매몰차게 느껴질지도 모르지만, 그것은 오해다. 기대를 뛰어넘는 일을 하면 그것이 만족으로 이어진다. 필요 없을 때 무의미한 노력을 하는 것은 낭비일 뿐이라고 생각하면 틀리지 않을 것이다. 선택과 집중을 한다고 생각하면 된다.

들이는 수고의 크기와 그 수고가 제공하는 가치의 크기는 완전히 별개이기 때문이다.

27

‘끝내기 좋은 타이밍’은
영원히 찾아오지 않는다

때로는 적당한 시기에 마무리해야 한다

다이어리에
종료 시간도 적어넣는다

업무를 하다 보면 퇴근 시간이 촉박하게 다가오는 가운데 '이 이메일을 보낼 때까지, 이 보고서를 다 쓸 때까지'라며 허둥대곤 한다.

약속 장소에 늦지 않도록 뛰어가는 사람이나 회의 시간 직전에 허둥지둥 도착하는 사람은 그 직전에 하던 일을 일단락 지으려고 버티는 습관이 있다. 그다지 좋은 모습은 아니다. 보통 완벽주의자들이 가지고 있는 성향이다.

만약 그런 습관이 있다면 직전에 하고 있던 업무를 '중단하는 힘'을 높여 두자. 좋은 방법을 소개하겠다.

- 다이어리에 일정의 개시 시간뿐만 아니라 '종료 시간'도 적어 놓는다.
- 시간이 되면 알람이 울리도록 맞춰놓는다.

일례를 소개하겠다. 업무가 남아 있을 때 설렁설렁하다 야근하는 경우가 많다면 퇴근 시간을 정해서 줄을 그어놓을 것을 추천한다. 그런 다음 알람을 설정하면 완벽하다.

물론 귀가 시간뿐만 아니라 업무 하나하나의 종료 시간도 정해놓으면 더욱 효과적이다. 이렇게만 해도 업무를 중단하는 힘이 충분히 높아진다.

알람을 맞춰놓는 것도 좋다

사실은 나도 무의식중에 설렁설렁 일하다 야근을 하는 습관이 있었다.

'아직 일할 수 있어. 그렇다면 지금 해놓는 편이 좋겠지.'

'오늘은 약속이 없으니 조금만 더 일하자.'

위와 같은 생각을 한 번이라도 한 날에는 어김없이 야근을 했다. 그래서 다이어리에 일정의 종료 시간을 꼼꼼하게 적어놓고 지키려고 노력을 했다.

그런데 어느 날은 일에 파묻혀 정신없이 일하다 보니 미리 설정한 퇴근 시간을 놓친 적도 있었다. 그 다음부터는 종료 시간이 되면 울리도록 알람을 설정했다. 알람이 울리면 열일 제쳐놓고 회사 밖으로 나갔다.

그렇게 하니 업무의 집중도도 올라가고, 퀄리티도 상승했다.

말이 나온 김에 마지막으로 한 가지만 더 이야기하겠다. 오늘 안에 끝내지 않으면 다른 사람에게 피해가 가는 업무라면 어떻게 해야 할까?

그런 업무는 무슨 일이 있어도 제시간에 다 끝내야 한다. 상대와의 약속은 절대적이다. 만약 마감 기한을 어겼다면 왜 이런 상황이 되었는지 생각하고 두 번 다시 같은 실수를 저지르지 않겠다고 다짐하는 것이 중요하다.

반면 퇴근 시간이 다가왔는데 개인적인 업무가 남아 있다면 다음날 아침으로 미룰 것을 권한다. 이유는 두 가지다. 첫째는 타인과의 약속이 아니기에 절대성이 없기 때문이며 내일의 밸런스를 조정하고 중단하는 힘에 초점을 맞추는 게 중요하다. 두 번째는 보통 아침에 집중력이 높아져 일을 다음 날로 미루면 오히려 결과물이 좋아질 수도 있기 때문이다.

이렇듯 상황과 경우에 따라 때로는 과감하게, 때로는 원칙적으로 업무의 시작과 끝을 조율하면서 일을 해나가야 한다.

중단하는 힘을 높이려면…

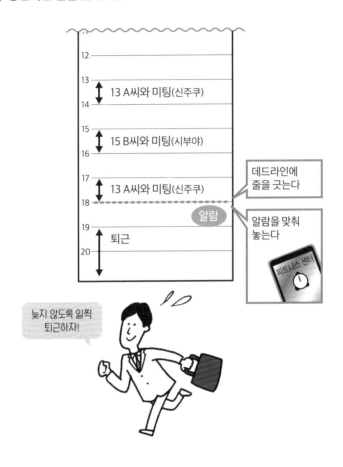

줄을 긋거나 알람을 활용하는 등 물리적인 힘도 빌리자

28

귀찮은 일일수록 먼저 하면 인생이 달라진다

고정적인 작업부터 처리하면 여유가 생긴다

약속 시간에 늦는 사람의 공통점

재촉받는 일 없이 업무 과제의 제출을 마치고, 회의에도 늦는 적이 없으며, 프로젝트의 진행도 늘 순조롭다. 여러분의 주위에도 이렇게 반드시 시간을 지키는 사람이 있는가?

반면에 시간을 지키지 못하는 사람은 항상 지키지 못한다. 내가 진행하는 연수에서 대인 코칭을 할 때가 있었는데, 이때마다 매번 지각하는 사람이 나온다. 지각 시간은 보통 1~2분 정도다. 왜 늦었는지 이야기를 들어 보면, 간발의 차이로 지하철을 한 대 놓쳤다고 한다. 또한 지하철을 타기 전에 무엇을 했는지 물어 보면 아슬아슬한 시간까지 이메일을 확인하고 답신을 보내는 작업을 하고 있었다고 한다.

그들이 1~2분을 지각하는 이유는 '바빠서'가 아니다. 원인은 '그 직전에 무엇을 하고 있었는가.'에 있다. 요컨대 이런 것이다. 약속 시간에 늦지 않는 사람은 '사소한 고정적 작업'부터 먼저 끝내고, 1~2분을 늦는 사람은 '지금 하고 싶은 일'부터 착수한 결과 '조금만 더!'라고 생각하며 일에 열중하다 늦게 된다는 말이다.

단적으로 말하면, 시간에 늦지 않는 사람은 의도적으로 귀찮은 일을 먼저 한다.

지금 내가 한 이야기가 잘 이해되지 않을지도 모른다. 그러면 질문을 하나 하겠다. 아침에 일어났을 때를 상상해 보라.

오늘은 회사에 출근하는 날이다. 자, 여러분이라면 다음의 ①~③ 가운데 무엇부터 시작하겠는가?

① 스마트폰을 본다. 혹은 텔레비전을 본다.
② 입을 옷을 고른다. 혹은 넥타이를 고른다.
③ 구두를 닦는다. (매일 아침 구두를 닦을 경우)

정답은 '③ 구두 닦기'이다. 흔히 "구두를 닦을 시간이 없어서 못 닦았어."라고 말하지만, 정확히는 구두 닦는 시간을 뒤로 미룬 탓에 닦지 못한 것이다.

편한 일, 좋아하는 일일수록 마지막에 한다

사소하고 귀찮을 일일수록 고정적으로 시간이 걸리는 일인 경우가 많다. 시간 조정이 어렵기 때문에 뒤로 미뤄 버리면 '할

아침에 출근이 늦어지지 않기 위한 작업 순서

1 자신이 해야 하는 작업

● 세탁

● 자신의 몸단장

2 상대에게 해줘야 하는 작업

● 도시락 만들기

● 아침 식사

3 지금 안 해도 되는 작업

● 침대 정돈

● 설거지

도중에 중단하기 용이한 작업은 뒤로 미룬다

것인가, 하지 않을 것인가?'라는 양자택일을 강요당하는 경우가 잦으며, 결국 포기하게 된다. 자신도 모르게 열중하다 시간을 초과해 버리는 것도 이 때문이다.

한편, '하고 싶은 일'은 시간을 조정할 수 있을 때가 많다. 예를 들어 스마트폰을 확인한다든가, 뉴스를 본다든가, 조깅을 하는 것 등이다. 이런 것들은 시간을 조정할 수 있으므로 뒤로 미루고 마감 기한에 맞춰서 조정하면 된다.

자, 결론이다. 어렵게 생각할 필요는 전혀 없다. 혼자서도 할 수 있는, 사소하고 귀찮은, 그러면서도 꼭 해야 하는 일을 먼저 해놓으면 된다. 그렇게 하면 허둥대지도 않고 시간에 늦는 일도 없어진다. 일에 몰두한 나머지 '조금만 더⋯.'라는 생각은 위험하다. 시간을 잊고 열중하게 된다는 신호로 생각하고 일찌감치 중단하자.

29

프로들은 일을
줄이는 법을 안다

처음부터 작성하는 것이 아니라
만들어놓은 서식을 채워넣으며 작성한다

자료 작성은 정형화해서
빠르게 처리하라

실제로 야근은 대부분 자료 작성이 원인일 것이다. 먼저 '문장 입력' 자체의 수고를 줄이는 방법을 소개하겠다.

① 자료의 틀을 만들어 놓는다

자료는 처음부터 작성하는 것이 아니라 틀을 준비해놓는 것이 정답이다. 선배나 동료에게서 성공한 기획서, 보고서 등을 얻어서 그것을 틀로 삼으면 될 것이다. 처음부터 작성하려고 하면 시간이 너무 많이 걸린다.

② A4, 1장, 조목 나열로 끝낸다

이것은 '자료의 틀'의 응용이다. 자료를 가공해서 최대한 단순한 틀을 준비해놓으면 구성과 문장을 궁리하는 시간을 줄일 수 있다. 자료의 틀은 무조건 한 페이지에 들어가야 한다.

③ 단축키를 외운다

흔히 단축키를 외워놓으면 입력이 편해진다고들 하는데, 마우스로 조작하는 경우에 비해 실제로 얼마나 빨라지는지 비교해 봤다. 예상대로 단축키를 외워서 사용하니 속도가 대략 2배 이상 빨라졌다. 자료 하나를 작성할 경우를 생각하면 그리 큰 차이는 아니지만, 쌓이면 효과가 커진다.

혹시 어떤 사람들은 단축키를 외우기가 귀찮을지도 모른다. 그렇다면 복사나 붙여넣기처럼 높은 빈도로 사용하는 것만 기억해도 좋다.

다음은 '효율적인 순서'로 진행하는 방법이다. 일단 자료 작성을 시작할 때 전체의 아웃라인(목차)부터 작성한다. 문장을 먼저 써서는 안 된다. 틈새 시간 등에 스마트폰으로 '목차의 항목'만이라도 초벌 작성해서 이메일로 보내놓는 것도 좋다. 책상 앞에 앉은 뒤 생각하기 시작하면 시간이 너무 걸리기 때문에 완성이 늦어진다.

또한 내용에 들어갈 간단한 문장도 외근을 나간 곳에서 스마트폰으로 입력한 다음 자신의 컴퓨터에 보내놓으면 책상 앞에 앉은 뒤에 처음부터 생각하거나 궁리할 필요도 없어진다.

전부 당장이라도 실천할 수 있는 것들이니 꼭 시험해 보길 바란다.

▎자료를 솜씨 좋게 작성하려면…

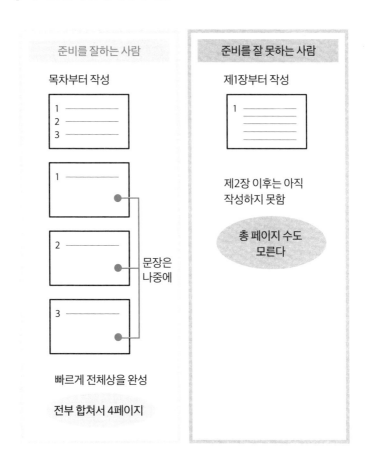

준비를 잘하는 사람

목차부터 작성

```
1 ─────
2 ─────
3 ─────
```

```
1 ─────
```

```
2 ─────
```

문장은
나중에

```
3 ─────
```

빠르게 전체상을 완성

전부 합쳐서 4페이지

준비를 잘 못하는 사람

제1장부터 작성

```
1 ─────
  ─────
  ─────
  ─────
```

제2장 이후는 아직
작성하지 못함

총 페이지 수도
모른다

작업 시간을 단축하는 방법,
효율을 높일 방법을 궁리하면서 작업한다

30

이메일은 30초 이내에
작성하는 것이 철칙

문장 입력에 들어가는
수고를 줄일 방법은 많다

용건은 간단하게, 내용은 정중하게

의외로 시간이 오래 걸리는 작업 중 하나가 이메일 작성이다. 간단한 주제의 짧은 이메일이라도 평균 5분은 걸리기 마련이다. 여기에서는 이메일 작업을 능숙하게 하는 비결을 소개하겠다.

먼저 '문장 입력' 자체를 줄이는 방법이다. 핵심 정보만 전달해 시간을 획기적으로 줄일 수 있다. 이것은 연습하지 않아도 금방 할 수 있으니 꼭 적용해 보길 바란다.

① 사내 메일은 '제목만'으로 끝낸다

제목에 '[내용 없음] 영업 회의 A회의실 15~16시'라고만 적는다. 문장을 입력하는 수고가 줄어드는 것은 물론이고 읽는 사람의 시간도 절약할 수 있다.

② '상용구 등록'을 해놓는다

자주 사용하는 문장은 상용구 등록을 해놓는다. 등록해놓으면 두 글자를 입력하고 변환하기만 해도 문장이 완성되므로 문장 입력에 들어가는 수고가 크게 줄어든다.

③ '서명'을 등록해놓는다

자주 사용하는 이메일용 문장은 서명으로 등록해놓는다. 예를 들어 견적서 송부, 계약서 송부, 서류 송부, 감사 인사, 확인 메일 등 일상적으로 작성할 때가 많은 이메일 문장을 등록해놓으면 신규 작성 시 문장을 입력하지 않아도 순식간에 완성할 수 있다. 게다가 이메일 한 통을 보낼 때마다 고민하던 '이렇게 쓰면 되는 걸까?', '실례가 되지는 않을까?' 같은 걱정도 사라진다.

이렇게 하면 지금까지 5분이 걸렸던 이메일 작성 시간을 30초로 단축할 수 있을 것이다.

또 한 가지는 자투리 시간에 '음성 입력' 기능을 이용해서 이메일의 답신을 보내는 방법이다. 음성 입력은 이메일 답신을 할 때 적극적으로 사용하기를 권하는 기술이다. 자투리 시간에 이메일 작업을 끝마치면 책상 앞에 앉아서 업무를 볼 때 다른 일에 집중할 수 있다.

▌자주 쓰는 문구는 등록해놓고 활용한다

☑ 이메일 제목의 정형문

[감사] 메일을 보내 주셔서 감사합니다
[감사] 자료를 청구해 주셔서 진심으로 감사합니다
[RASISA LAB] 교재를 작성했습니다
[RASISA LAB] 멋진 기회를 주셔서 감사합니다
[RASISA LAB] 견적서를 보내 드립니다
[청구서] 월말에는 바쁘실 것으로 생각되어 미리 발송해 드립니다

보내는 사람
받는 사람
제   목

☑ 상용구 등록의 예

'귀사'라고 입력하고 변환
➡ "귀사의 무궁한 발전을 기원합니다. **의 **입니다."

'바쁘'라고 입력하고 변환
➡ "바쁘실 터인데 정말 감사합니다."

'매번'이라고 입력하고 변환
➡ "바쁘실 터인데 매번 이렇게 협력해 주셔서 감사합니다."

'궁금'이라고 입력하고 변환
➡ "궁금하신 점이 있으면 연락 주시길 바랍니다."

**문장을 입력하는 수고뿐만 아니라
문장을 궁리하는 수고도 절감할 수 있다!**

31

회의나 미팅은
10분의 1로 줄일 수 있다

모이는 횟수나 시간에 낭비는 없는가

무의미한 회의를 줄이기 위한
원칙 8가지

"무의미한 회의만큼 시간을 낭비하는 것은 없다."

백이면 백, 모두가 이렇게 말한다. 그럼에도 직장에서 무의미한 회의가 줄어들지 않는 이유는 무엇일까? 그것은 올바른 회의 진행 방법을 모르기 때문이다.

여기에서는 업무 시간 단축을 위해서 반드시 필요한 올바른 회의 진행 방법을 소개하겠다. 몇 가지 기준과 원칙을 세워놓으면 자동화되기 쉽다.

회의 전

① 원칙적으로 공유, 보고를 위한 회의는 하지 않는다. (➡ **개선책**: 자료 배포로 대체한다.)

② 참가자의 수를 늘리지 않는다. (➡ **개선책**: 최소한의 인원수로 실시한다. 의견을 내거나 질문하지 않는 방관자는 부르지 않는다.)

③ 내용에 따라서는 굳이 회의실로 이동하지 않는다. (➡ **개선책**: 그 자리에서 한다.)

④ 회의 자료를 복사해서 배포하지 않는다. (➡ **개선책**: 프로젝터를 활용한다.)

회의 중

① 시작할 때 '의제', '시간표'를 명확히 한다.

② 상사가 사회를 보지 않는다. (➡ **개선책**: 진행 담당을 결정한다.)

③ 반드시 타임키퍼를 결정한다.

④ 자료를 읽는 시간을 없앤다. (➡ **개선책**: 사전에 이메일을 보내서 각자

읽고 오게 한다.)

위의 원칙을 구성원에게 모두 공유해 지켜진다면 회의가 지지부진해지는 일은 예방할 수 있다.

▎회의에서 시간 엄수는 필수

역할을 명확히 나누고 각자 자신의 역할을 다한다

32

사무실이 아니어도
업무를 볼 수 있다

집중할 수 있는 장소에서
단숨에 처리하는 편이 더 효율적이다

집중할 수 있는 장소를 찾는다

일하는 방식에 관해 선진적인 기업에서는 재택 근무나 자신의 자리가 고정되어 있지 않은 자유 좌석제 등을 추진하고 있다. 물론 이런 제도를 시행하지 않는 회사에 다니는 사람도 있을 것이다.

그러나 포기할 필요는 없다. 여기에서는 업무 시간 단축을 목적으로 한 시공간에 얽매이지 않고 일하는 방식을 소개하겠다.

그러나 미리 덧붙이자면, 회사에 따라서는 허용되지 않는 경우도 있다. 어디까지나 가능한 범위에서 시도해 보길 바란다. 또한 신입 사원이라면 먼저 상사나 선배와 의논해야 할 것이다.

제일 먼저 소개할 방법은 '집중하고 싶을 때는 다른 장소에서 한다.'는 것이다. 집중력을 떨어트리는 요인을 심리학에서는 '디스트럭터(destructor)'라고 한다. 전화벨 소리나 동료의 대화 소리 등도 디스트럭터의 일종이다. 이런 디스트럭터를 피함으로써 집중력을 높이는 방법이다.

이는 나도 수차례 실감하고 있는 방법인데 책상 앞에 앉아서 할 때보다 다른 장소에서 할 때 명백히 작업 속도가 빨라진다.

다만, 자신의 책상을 떠날 때는 아래와 같이 상사에게 보고를 해야 한다. "급히 작성해야 할 자료가 있어서 집중해 작업하려 합니다. 한 시간 반 정도 자리를 비워도 괜찮을까요? 연락을 받으면 즉시 돌아올 수 있는 곳에서 하겠습니다."라고 말해놓으면 문제없다.

업무 장소로는 회사 내부의 빈 회의실, 회사 근처의 카페 같은 곳이 주된 후보다. 열심히 일한다는 데 특별한 이유가 없는한 거절할 상사는 없을 것이다.

나도 보고를 소홀히 했다가 낭패를 본 적이 있다. 긴급한 안건이 들어와서 회사 근처의 카페에서 작업을 하고 있었는데, 회사에서 "어디 간 거야? 의논할 게 있는데."라며 나를 찾았던것이다.

게다가 누군가가 "이바 씨라면 카페에서 기분 좋게 카페라테를 마시고 있던데?"라고 대답하는 바람에 난리가 났었다. 물론 이것은 오해였지만, 사소한 일일수록 확실히 보고한다는 원칙을 망각했던 내 잘못이 컸다.

책상 앞에서 집중이 안 된다면…

· 지하철에서

· 카페에서

· 회사의 빈 회의실에서

책상이 커서
작업하기 편하네!

주위에는 확실히 사전 보고를!

시공간에 얽매이지 않고
일하는 방법

만약 당신이 외근직이라면 어떻게 시간 관리를 해야 할까? 매일 아침 오전 9시에는 담당 지역에 도착하거나 첫 번째 상담을 하고 있어야 한다. 오전 11시에 첫 번째 상담 약속이 잡힌 상황은 피해야 한다. 9시에는 시작해야 일을 순차적으로 할 수 있고, 더 많은 사람을 만날 수 있기 때문이다.

그렇다면 외근 도중에 회사 내부에 중요한 회의가 생긴다면 어떻게 할까? 대부분 외근 도중에 사무실에 들르는 것은 시간 낭비다. 오며가며 한두 시간은 금방 소요되기 때문이다.

회사 시스템이 있으면 회사의 화상 회의 프로그램을 이용하거나 없다면 구글 미트, 페이스타임, 줌 등을 활용해 근처 카페에 들러 회의에 참석한다. 참석자들에게 미리 양해를 구해야 함은 물론이다.

이렇듯 재택 근무가 아니더라도 시간과 공간에 얽매이지 않고 얼마든지 일할 수 있다. 전례나 관습이 없더라도 여러분이 가능한 범위에서 시작해 보는 것은 어떨까?

제5장

여유 있게 일하는 사람이 일상도 여유롭다

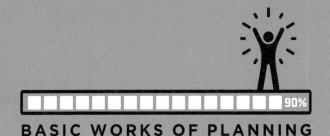

90%

BASIC WORKS OF PLANNING

33

일정의 선택권을 상대에게
맡기지 않는다

시간에 휘둘리지 않도록
시간에 대한 주도권을 잡는다

상대가 나의 일정에 맞추게 하는 방법

타인의 상황에 맞추는 것은 결코 나쁜 일이 아니다. 다만 자신을 희생하면서까지 상대에게 맞출 필요는 없다.

알기 쉬운 예가 약속 시간의 조정이다. 물론 서로 바쁜 가운데 조정을 하는 것이지만, 이때 중요한 점은 상대에게 약속의 선택권을 맡기지 않는 것이다.

그 단계는 다음과 같다. 키워드는 '먼저 제시하는 것'이다.

STEP 1 먼저 약속을 합의한다.
STEP 2 합의를 마쳤다면 이쪽에서 '세 개의 희망 일시'를 제시한다.

이쪽에서 먼저 세 가지의 '약속 희망 일시'를 제시하는 것에 대해 조금 강압적이라는 느낌을 받을지도 모르는데, 그것은 어떻게 전달하느냐의 문제이다.

다음 페이지의 아래는 내가 실제로 보내는 이메일이다. 어떤가? '뭐야, 이 무례한 메일은?'이라고 생각됐는가. 아마 그렇지 않을 것이다.

상대방이 선택할 수 있는 날짜가 세 개나 있고, 전부 여의치

| 자신에게 유리한 날을 먼저 제시한다

☑ 3개의 희망 일시를 전하는 이메일의 예

> 귀사의 무궁한 발전을 기원합니다.
> RASISA LAB의 이바입니다.
> 죄송합니다만, 다음 중에서 괜찮은 일시가 있으신가요?
>
> A: 5/17(수) / 10:00-12:00
> B: 5/18(목) / 13:00-15:00
> C: 5/19(금) / 10:00-12:00
>
> 혹시 전부 여의치 않다면 말씀해 주시길 바랍니다.
> 늘 감사한 마음입니다. 이번에도 잘 부탁드립니다.

표현만 주의하면 실례가 되지 않는다

않다면 다른 날짜도 괜찮다는 선택권까지 상대방에게 제시했다. 얼마든지 변경의 여지가 있는 것이다. 그러므로 강압적이지도 않다.

여기에서 주의할 점은 딱 두 가지다. 첫째는 '죄송스러움'과 '감사'를 전하는 것이다. 이쪽의 시간에 맞추도록 하는 것이 상대에게 부담을 주는 행위임은 부정할 수 없다. 그러므로 이 마음은 반드시 전해야 한다.

둘째는 굉장히 드문 경우이지만, 상대가 VIP(만나기가 불가능에 가까운 인물)일 때다. 가령 이쪽이 영업 담당이고 상대는 직원 수가 1만 명이나 되는 기업의 사장이라고 가정하자. 그럴 경우는 의도적으로 상대가 후보 일을 제시할 때까지 기다리는 편이 현명하다.

다만, 일상적인 미팅이나 영업일 경우는 먼저 제시한 사람이 약속의 주도권을 잡는다고 생각하면 틀림이 없다.

유연하게 상대에게 맞추는 것은 필요한 일이지만, 필요 이상으로 자신을 희생하는 것은 좋은 계책이 아니다. 서로 수긍할 수 있는 합의점을 이끌어내는 것도 업무의 원활한 진행을 위한 중요한 역할이다.

34

거절을 잘하는 사람이
일도 잘한다

대안을 준비해놓으면
명쾌하게 NO라고 말할 수 있다

거절 못하는 사람이 친절한 사람은 아니다

보통 사람들은 어떤 부탁을 받았을 때 자신이 생각했던 계획은 조금 엉망이 되더라도 상관이 없다고 생각한다. 유연하게 대응해야 한다고 생각하기 때문이다.

다만, 사람들의 부탁을 거절하지 못해서 늘 계획이 엉망이 되는 것은 문제가 된다. 유연하게 대응하는 것은 상대에 대한 친절함에서 비롯되지만, 거절하지 못하는 것은 친절함이 아니라 불안감에서 비롯됐다고 볼 수 있다. 지금 거절하면 앞으로 내게 일을 주지 않을지도 모른다, 평가가 떨어질지도 모른다는 불안감 때문에 거절하지 못하는 것이다. 이런 상황이 반복되면 악순환에 빠지게 된다.

그런데 이 심리, '무엇인가'와 비슷하다는 생각이 들지 않는가? 그렇다. 일명 '빵 셔틀'의 심리와 비슷하다. 거절하면 그룹에서 제외되지 않을까 걱정해 선배의 빵을 사러 가는 그 빵 셔틀이다.

슬픈 사실은 열심히 빵 셔틀을 한들 주위의 평가는 높아지지 않는다는 것이다. 오히려 반대다. 사람들은 빵 셔틀을 이용하려만 한다. 그래서 다음과 같은 자세가 매우 중요하다. 특히 회사 생활에서는.

'NO라고 말해야 할 때는 NO라고 말한다. 그것이 자신의 평가를 높이는 길이기도 하다.'

대안을 제시하는 것이 포인트

그런데 무작정 거절한다면 곤란한 일이 생길수도 있다. 원만한 거절의 기술이 있어야 회사생활에 지장을 주지 않는다. 내가 평상시 거절할 때 잘 쓰는 기술을 소개해 보겠다. 이 순서대로 따라 하면 당신도 부드럽고 자연스럽게 거절할 수 있을 것이다.

STEP 1 다짜고짜 NO라고는 말하지 않는다.

STEP 2 지금은 부탁을 들어 줄 수 없는 사정이 있음을 설명한다. (구체적인 이유는 말하지 않아도 된다.)

STEP 3 대안을 제시한다.

간단하게 실천해 보자. 오후 7시에 친구와 약속이 있는데 상사가 "이 자료를 급히 작성해 줬으면 좋겠네."라고 말한 상황이다.

상사 "내일까지 이 보고서를 정리해 주지 않겠나?"

당신 "어떤 겁니까? 아하, 이 보고서군요. 으음…, 죄송합니다. 사실은 7시부터 꼭 해야만 하는 용무가 있어서요. 하루만 더 시간을 주시면 안 될까요? 모레까지는 반드시 정리해서 드리겠습니다."

상사 "그런가? 알겠네. 그러면 다른 사람에게 말해 보지."

당신 "죄송합니다!"

어떤가? 이 일로 상사에게 낮은 평가를 받을 것 같은가? 아마도 그렇지는 않을 것이다. 상사는 이렇게 생각할 뿐이다.

'나도 너무 촉박하게 부탁한 거라 어쩔 수 없지. 다른 사람에게도 부탁해 보고, 정 안 되면 내가 해야겠군.'

그리고 한마디만 더 하겠다. 아무리 급한 업무라고 해도 친구와의 약속을 갑자기 취소하는 것은 신용을 깎는 최악의 행위다. 정말 어쩔 수 없는 상황이 아닌 이상 그래서는 안 된다. 누군가가 갑자기 눈앞에서 쓰러져 도와야 하는 그런 긴급 상황 말이다. 회사에서나, 일상에서나 신용은 굉장히 중요하다.

이렇듯 일을 잘하는 사람은 사소한 약속이라도 반드시 지키려 한다. 그것이 신용이 되어 선순환을 일으키기 때문이다.

┃ 거절하는 것은 나쁜 행동이 아니다

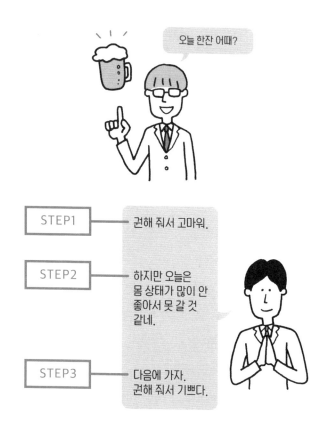

오늘 한잔 어때?

STEP1 ── 권해 줘서 고마워.

STEP2 ── 하지만 오늘은 몸 상태가 많이 안 좋아서 못 갈 것 같네.

STEP3 ── 다음에 가자. 권해 줘서 기쁘다.

다음에도 권해 줬으면 한다는 마음을 전하는 것이 중요하다

35

'내가 직접 하는 편이 빨라.'는 잘못된 발상

혼자서 끌어안을 수 있는 양에는 한계가 있다

일단은 좀 더
주위 사람들에게 의지하자

좀처럼 타인에게 부탁하지 못하는 사람을 보면 대체로 세 부류가 있다.

- '내가 하는 편이 더 빨라.', '설명하기 귀찮아.'라는 유형.
- '내가 저 사람보다 더 잘해.'라는 유형.
- '부탁하기가 미안해.', '부탁하기가 조심스러워.'라는 유형.

그러나 양쪽 모두 '마음속 어딘가에서 타인을 신뢰하지 않는다.'는 점은 공통적이다.

결론부터 말하겠다.

"두려워하지 않고 좀 더 타인을 신뢰해야 한다."

이것이 타인에게 부탁할 수 있는 사람이 되기 위한 마음가짐이다.

먼저 '내가 하는 편이 더 빨라.'라고 생각하는 유형에 관해 설명하겠다. 분명히 누군가에게 맡기지 않고 자신이 직접 하는 편이 빨리 끝낼 수 있을지도 모른다. 그러나 이것은 지금은 미숙하지만 장기적으로는 나와 같은 수준으로 할 수 있게 될 가능성을 생각하지 않는 것이다.

다음에는 '내가 저 사람보다 더 잘해.'라는 유형이 있다. 꽝장히 오만한 완벽주의자이다. 물론 자신이 하는 게 더 시간상 경제적일 수 있다. 그러나 그래 봤자 내 일이 늘어나는 것뿐이다. 첫 번째의 경우처럼 다른 사람에게도 잘할 수 있는 기회를 줘야 한다. 그래야 결국 내 일도 줄어들고, 그 시간에 다른 일을 할 수 있다.

다음은 '부탁하기 미안해.'라고 생각하는 유형이다. 이런 사람들은 '타인의 시간을 뺏는 게 미안하다.'라고 생각한다. 그러나 사실은 그렇지 않다.

같은 팀원 혹은 팀장들은 오히려 '부담을 갖지 않고 부탁해도 되는데.'라고 생각할 수도 있다. 회사는 보통 팀으로 결과를 내고, 팀으로 움직이기 때문에 한 명이라도 제몫을 하지 못하면 일이 어려워질 수도 있다. 그래서 서로 어려운 점, 부탁할 점을 공유하고 제때에 해결하는 게 무엇보다 중요하다.

그런데 어딘가 이 구조가 고부 갈등과 유사하다는 생각이 들지 않는가? 작은 배려로 일을 맡기지 못하다 오히려 문제를 키우는 것이다. 실례를 무릅쓰고 단언하는데, '일을 맡기지 못하는 문제'는 직장의 고부 갈등이라고 할 수 있다. 그리고 일을 맡기지 못하는 심리는 직장의 기능 부전을 초래하는 온상이다.

　그러니 부디 적극적으로 타인에게 맡기려고 시도해 보길 바란다. 주위 사람들은 틀림없이 두 손 벌려 환영할 것이다.

뭐든지 자신이 직접 하려고 하는 사람은…

0점	
	이 정도면 만족한다
	• 타인을 키우기 위해
	• 자신의 시간을 만들기 위해
	• 자신이 병으로 결근했을 때의 영향을 최소화하기 위해
70점	
	30퍼센트 → 투자
100점	

괜찮으려나…

맛은 그냥 그렇지만, 내가 맡긴 것이니 만족해야지…

지금은 70퍼센트로 만족하고,
30퍼센트는 '투자'라고 생각한다

36

성공한 사람들이 실패를
다루는 법

일이 잘 풀릴 때는 배우는 것이 없다.
실패야말로 큰 기회다

즉시 대응책을
수첩에 적는다

얼마 전에 생명 보험 업계에서 유명한 어느 영업 사원과 이야기를 나눌 기회가 있었다. 이야기를 들어 보니 한 달에 3일만 일하는데 연봉이 1억 5,000만 엔(14억 3천만 원)이라고 한다. (매출은 그 이상인 듯하다.) 이것은 물론 정상급 영업 사원으로서 탁월한 준비 능력과 지식을 갖췄기에 가능한 일이지만, 그렇게 되기 위한 비결을 물어보자 그는 이렇게 대답했다.

"사실 일이 잘 풀리고 있을 때는 성장하지 못합니다. 영업은 생각대로 되지 않을 때가 더 많지요. 실패야말로 성장으로 이어집니다."

이것은 이른바 성공한 사람이 공통적으로 하는 말이기도 하다. 요컨대 이런 의미가 아닐까?

성공하는 사람은 실패를 성공의 밑거름, 즉 긍정적인 것으로 바꾸며, 성공하지 못하는 사람은 실패를 봉인해 버린다. 이를테면 술에 의지한다거나, 향락에 빠진다거나, 나태하게 된다거나….

실패를 내 편으로 만드는 간단한 방법이 있다. 실패해서 낙담할 것 같으면 즉시 그 대응책을 수첩에 적는 방법이다. 이것은 나도 실천해 보고 깨달은 점인데, 이를 통해 모든 실패를 긍정적인 것으로 바꿀 수 있다.

옛날에 미국에서 온 협력 업체 직원 앞에서 프레젠테이션을 할 기회가 있었다. 프레젠테이터는 내 선배였고, 나는 어시스턴트였다. 그때 나를 빼고는 모두 영어에 능통했다. 반면에 당시의 나는 영어를 굉장히 못했다. 아마도 모두가 '이바를 뽑은 건 실수 아닌가?'라고 생각했을 것이다.

이럴 때 '풀이 죽는가, 죽지 않는가?' 이것이 분수령이다. 뭐라고 말할 수 없는 기분이 된 순간, 나는 수첩에 이렇게 적었다. "영어 학원을 찾아보자.", "영어 학원에 다니자."라고.

그럼으로써 문제는 도약대로 바뀌었다. 다시 영어 때문에 주눅 들고 싶지 않아서 그때부터 1년간 영어회화 학원을 꾸준히 다녔다. 영어에 자신감이 붙었을 쯤 우연히도 내가 프레젠테이터가 되어 거래처 앞에서 프레젠테이션을 할 기회가 생겼다. 나는 이를 뿌리치지 않고 자신감 있게 프레젠테이션을 성공시켰다. 지난번의 실패가 기회가 되어 지금의 성공을 이끌어준 것이다.

영어를 잘하지 못해…라고 풀이 죽기 전에

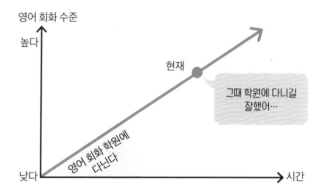

현재 상황을 개선하기 위한 대책을 세운다!

실패를 받아들이는
사람의 태도

이런 일도 있었다. 회사원일 때는 원하지 않는 인사이동을 하게 된 적도 있었다. 인사이동에는 세 종류가 있다. 스텝업을 위한 인사이동, 인원 부족을 메우기 위한 인사이동, 지금 있는 곳에 적합한 인재가 아니라고 판단해 다른 곳으로 보내는 인사이동이다.

나는 21년이나 회사원으로 일했기에 모든 종류의 인사이동을 경험해 봤는데, 역시 지금 있는 곳에 적합한 인재가 아니라고 판단해 다른 곳으로 보내지는 인사이동이 가장 괴로웠다.

이 경우, 선택지는 둘로 나뉜다. 이것을 '도약으로 연결하는가, 실의에 빠지는가'다. 나는 '1년은 꾹 참고, 2년 차에 최고의 성과를 내자.'라고 생각했다. 그래서 계속해서 새로운 것을 습득하고, 다른 동료들보다 더 넓은 업무 경험을 갖게 됐다. 마음을 긍정적으로 먹으니 내가 생각한 대로 이뤄졌다. 참 신기한 일이다.

되돌아 보면 괴로웠던 인사이동이 성장의 밑거름이 되기도 했다. 비행기는 순풍보다 역풍을 받을 때 더 상승기류를 타기 쉽다고 하는데, 인간도 마찬가지라는 생각이 들었다.

이렇듯 일이 잘 풀리지 않거나 괴로운 일이 있을수록 즉시 자신의 방향성을 결정해야 한다. 올바른 길을 선택했을 때 그 실패는 도약대가 되어 준다. **비관하지 말고 앞으로 나아가자.**

Basic works of planning

37

10년 후에 몇 살인지
생각하면 한가하게
야근 할 여유는 없다

책임감으로 야근하다 보면
자신의 시간은 점점 사라져 간다

지금밖에 할 수 없는
일이 있다

이제는 '뭐, 야근이나 휴일 출근을 해도 딱히 힘들지는 않으니 그것대로 괜찮지 않아?'라는 발상이 용납되지 않는 시대가 되었다. 어째서일까?

'모든 직원이 오랫동안 일할 수 있는 회사로 만들기 위해서다.'

이렇듯 사생활을 희생하면서 일할 것을 강요하는 회사는 노동자에게 외면당하게 된 것이다. 당연하다는 듯이 야근을 하는 사람이 있는 회사에서는 사원들이 하나둘 떠나 버리는 현상이 자주 일어난다.

그런데 여러분은 이런 말을 들었을 때 '맞아. 지금은 그런 시대지.'라고 고개를 끄덕이겠는가? 아마도 그렇지 않을 것이다. 현장은 변함없이 바쁘기 때문이다. 여기에서는 다른 관점에서 제안을 하겠다.

바로 '지금밖에 할 수 없는 일'을 생각한다는 관점이다.

이 관점을 숙지하기 위해 아래 두 가지 방법을 따라해 보자.

- 지금 하고 싶지만 하지 못하고 있는 일을 종이에 적어 본다.
- 과거 10년, 향후 10년의 연도와 나이를 적어 본다.

이에 대해 설명이 조금 필요할 것이다. 다음 페이지의 그림과 같은 식으로 종이에 적어 본다. 포스트잇에 적든 공책에 적든 전혀 상관없다. 그렇게 적어 보면 3년이나 5년은 순식간에 지나감을 깨닫게 된다. '무엇을 하고 싶으면 지금 해야 해!'라는 생각이 자연스럽게 드는 것이다.

▌야근하지 않는 것은
▌동료와 후배를 위해서이기도 하다

한 가지 예를 소개하겠다. 어느 베테랑 약사의 이야기다. 지금부터 그 약사를 A라고 부르도록 하겠다. 약국의 중심 멤버인 A는 야근을 밥 먹듯이 했고, 때로는 휴일 출근도 하는 사람이었다.

회사는 A에게 "앞으로 야근을 줄일 방침이니, 업무를 분담하고 일찍 퇴근하시오."라고 말했지만, A의 야근은 전혀 줄어들지 않았다. 어째서일까? 이에 대해 A는 "내가 맡은 일에 대

지금밖에 할 수 없는 일은 무엇일까

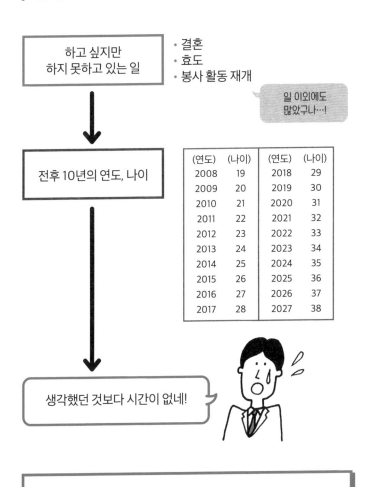

(연도)	(나이)	(연도)	(나이)
2008	19	2018	29
2009	20	2019	30
2010	21	2020	31
2011	22	2021	32
2012	23	2022	33
2013	24	2023	34
2014	25	2024	35
2015	26	2025	36
2016	27	2026	37
2017	28	2027	38

하고 싶지만
하지 못하고 있는 일

• 결혼
• 효도
• 봉사 활동 재개

일 이외에도
많았구나…!

전후 10년의 연도, 나이

생각했던 것보다 시간이 없네!

시간의 소중함을 느낄 수 있다

해서는 확실히 책임을 지고 싶다."라고 대답했다.

그러던 A가 지금은 앞장서서 일찍 퇴근하게 되었다. 게다가 유급 휴가도 전부 사용하게 되었으니 놀랄 일이다.

그 계기는 포스트잇 한 장에 적은 메모였다. 지금 하고 싶지만 하지 못하고 있는 일을 적었던 것이다. 그 포스트잇에는 이렇게 적혀 있었다.

- 조카와 신나게 놀아 주고 싶다.
- 집에서 어머니와 함께 요리하고 싶다.
- 학창 시절에 했었던 봉사 활동을 다시 한 번 해 보고 싶다.

A는 결심했다. 과감하게 일찍 퇴근해 이 바람들을 실천하기로. 그러자 두 가지 사실을 깨달았다고 한다.

- 그동안 지금밖에 할 수 없는 일에 주목하지 않고 있었다.
- 내가 일찍 퇴근하자 다른 사람들도 일찍 퇴근할 수 있게 되었다.

상사나 선배가 퇴근을 안 해서 자신도 퇴근할 수가 없다는 이야기를 들은 적이 있다. 어쩌면 여러분이 야근하는 탓에 누군가가 눈치를 보고 있을 가능성도 있다. 야근을 그만두는 것

은 자신을 위한 일인 동시에 동료를 위한 일이기도 하다

이 책을 읽고 아이디어를 얻어 야근을 줄이는 방법에 대해 진지하게 고민해 보는 것은 어떨까?

38

오늘부터 매일 10분 일찍 퇴근해 보기

누구나 여유로운 시간을 만들 수 있다

약간의 궁리로 달성할 수 있는 목표

'이렇게 바쁜데 시간 단축 같은 걸 할 수 있을 리가 없잖아?'

정신없이 바쁜 현장의 사정을 생각하면 이런 생각이 드는 것도 이상하지 않은데, 이럴 때 추천하는 방법이 있다.

'오늘 딱 10분만 일찍 퇴근해 본다.'를 반복하기.

10분이라면 어떻게든 가능할 것 같지 않은가? 이메일을 간결하게 써서 작성 시간을 줄이는 등의 간단한 궁리로 할 수 있다. 만약 그 목표를 달성했다면 다음날도 10분을 단축을 노력해 본다. 그리고 목표를 달성하지 못했다면 '어떻게 해야 할까?'를 생각한 다음 그 대책을 시도해 본다.

일단은 이렇게 시작하는 것으로 충분하다. 그것이 커다란 한 걸음이 되어 줄 것이다.

'이런 방법이 정말 효과가 있을까?'라는 의구심이 든 사람도 있을지 모르는데, 실제로 파견 회사에서 있었던 일을 소개하겠다.

나도 인재 비즈니스에 관여했었기에 파견 업계가 얼마나 바

뻔지 잘 알고 있다. 그 회사도 4년 전까지는 장시간 야근이 당연한 일이었다. 그런데 지금은 어떻게 되었는지 아는가? 거의 야근을 하지 않는다고 한다. 정말 어쩔 수 없을 때만 몇십 분정도 더 일한다는 것이다. 그럼에도 실적은 과거 최고 수준을 기록했다.

사업 책임자에게 그 비결을 물어보니 이런 대답이 돌아왔다.

"딱히 뭔가 대단한 걸 한 것도 아닙니다. 그냥 그때그때 가능한 범위에서 궁리를 거듭했을 뿐이지요. '이거, 이렇게 하면 조금 더 편하게 할 수 있지 않을까?' 이런 식이랄까요. 정말 그것뿐입니다."

그리고 이런 말을 덧붙였다.

"최근에는 시간 단축이 가속되어서, 조만간 야근 제로를 달성할 수 있을 것 같습니다."

처음부터 큰 변화를 이루려고 애쓸 필요는 없다. 시작한 직후부터 큰 변화를 주기는 어렵지만, 일단은 할 수 있는 것부터 시도한다. 그것이 습관화되기 시작하면 궁리가 가속되고, 어느덧 큰 성과가 된다.

일단은 '어제보다 10분 일찍 퇴근하자.'라고 다짐하는 것이 퇴근 후 삶을 바꿀 첫걸음이 되는 것이다.

| 일단은 할 수 있는 것부터 시작한다

· 10분만 일찍 퇴근한다

· 소요 시간을 결정한 다음에 작업한다

· 상사에 대한 보고를 수시로

· 원만하게 거절한다

> **습관화에 성공하면 어느덧 이상이 현실이 된다!**

반복하는 사이에
어느덧 야근 제로가!

　마지막으로, 여러분에게 꼭 하고 싶은 말이 있다.

　'여유롭게 살고 싶지만, 내게는 무리야.'라는 생각은 절대 하지 말았으면 한다. 퇴근 후 홀가분한 삶을 상상해 보라. 가족들과 저녁을 먹으며 행복한 시간을 보낼 수도 있고, 자기계발을 위해 영어 공부에 매진할 수도 있다.

　10분만 일찍 퇴근하면 이 모든 것이 가능한데 애초에 왜 무리라고 생각하는가?

　그 이유를 논리적으로 설명할 수 있다면 이해가 될지도 모르지만, 대부분의 경우는 진지하게 생각하지 않고 있거나, 어중간하게 하다 작심삼일로 끝내는 자신을 용납하고 있기 때문이다. 이렇게까지 단언하는 이유는 과거의 내가 그랬기 때문이다.

　그래도 어려울 것 같다면, 일단은 '10분만 일찍 퇴근하기'를 진지하게 실천해 보길 바란다. 사흘 동안 실천에 성공했다면 그 다음날에도 도전해 본다.

　그러다 보면 1시간은 단축할 수 있게 된다. 다음 주까지 하면 2시간이 단축된다. 이것을 계속한다면 여러분의 생활은 크게 달라질 것이다.

갑자기 큰 변화를 일으키려 하지 말고, 일단은 작은 도전을 꾸준히 하자.

이것이 큰 성공을 손에 넣기 위한 철칙이다.

옮긴이 김정환

건국대학교 토목공학과를 졸업하고 일본외국어전문학교 일한통번역과를 수료했다. 21세기가 시작되던 해에 우연히 서점에서 발견한 책 한 권에 흥미를 느끼고 번역의 세계를 발을 들여, 현재 번역에이전시 엔터스코리아 출판기획 및 일본어 전문 번역가로 활동하고 있다. 경력이 쌓일수록 번역의 오묘함과 어려움을 느끼면서 항상 다음 책에서는 더 나은 번역, 자신에게 부끄럽지 않은 번역을 할수 있도록 노력 중이다. 공대 출신의 번역가로서 공대의 특징인 논리성을 살리면서 번역에 필요한 문과의 감성을 접목하는 것이 목표다. 역서로는 《마흔 버려야 할 것과 붙잡아야 할 것들》, 《의료 부정 서적에 살해당하지 않기 위한 48가지 진실》, 《의사의 90%는 암을 오해하고 있다》 등이 있다.

업무의 90% 는 준비에서 결정된다

초판 1쇄 발행 2025년 3월 17일

지은이 이바 마사야스
옮긴이 김정환
펴낸이 정덕식, 김재현
펴낸곳 (주)센시오

출판등록 2009년 10월 14일 제300-2009-126호
주소 서울특별시 마포구 성암로 189, 1707-1호
전화 02-734-0981
팩스 02-333-0081
메일 sensio@sensiobook.com

책임 편집 정아영
디자인 Design IF
경영지원 임효순

ISBN 979-11-6657-187-9 (03320)

소중한 원고를 기다립니다. sensio@sensiobook.com